0歳からの体幹遊び®

公益社団法人 マナーキッズ® プロジェクト

田中日出男・根本正雄［編］

JN219156

まえがき

公益社団法人マナーキッズプロジェクト理事長　田中日出男

　近年、全国のあちこちの学校で「いじめによる自殺」「学級崩壊」「小一プロブレム」といった誠に憂慮すべき現象が起こっております。また、中・高校生の電車の中での食事、化粧、路上での地べた座り、社会人になっても挨拶がきちんとできないなど、マナーの乱れが多く指摘されております。

　「いじめ」「学級崩壊」「小一プロブレム」については、様々の要因があり、簡単ではないようですが、マナーキッズプロジェクトを通じて、今までに全国で50万人の児童と接した体験から、「いじめ問題」他の背景の一つに、次の諸点があるのではないかと思います。

・百数十年の間に三回（明治維新、敗戦、バブル）日本の伝統的な良さを捨ててきたこと。

・家庭、学校、地域において、美しい姿勢（前向きな考えに繋がる）、挨拶、人のいやがることをしないなど、当たり前のことをなおざりにしてきたこと。

・我が国の道徳に関する教育方針は、「命を大切にしよう」「思いやりを大事にしよう」など、物語の話を子供たちに読ませるような観念的で、抽象論的になりがちです。体験を通しての、美しい姿勢、挨拶などを指導していないため、親、先生、子供が美しい姿勢、挨拶の仕方を知らないこと。先生、児童間、親子が友だち関係のために躾ができないこと。

　今までに国内47都道府県および台湾・マレーシアにおいて、約50万人を超える幼稚園・保育園園児、小学校児童と接して痛感することは、「子供は教えれば変わる―礼儀正しさのＤＮＡは残っている―」ということです。子供の変わる姿を見て、親、先生、地域が変わるという姿を描い

ております。

　平成8年12月開始の早稲田大学庭球部小学生テニス教室が原点です。その後、いろいろな方々との偶然の出逢いや縁から、平成17年4月に財団法人日本テニス協会幼稚園・小学校マナーキッズテニスプロジェクト、平成19年6月にNPO法人マナーキッズプロジェクト、平成26年10月に公益社団法人に発展しております。平成26年にマナーキッズ体幹遊び教室が加わり、新たな展開となりました。

　マナーキッズ体幹遊び教室の発案者は、公益財団法人日本サッカー協会相談役（キャプテン）の川淵三郎氏です。早稲田大学スポーツ科学学術院間野義之教授に協力を依頼され、東京都教職員研修センターと早稲田大学スポーツ科学学術院「子供の姿勢研究班」との連携による「子供の体幹を鍛える―正しい姿勢のもたらす教育的効果の検証―」が平成26年3月に発表されました。猫背傾向が改善された、姿勢の良い児童は自己抑制（嫌いなものでも我慢して食べます、飽きても宿題は最後までします、苦しいときでも我慢しますなど）が高い、などの効果があるとのことです。作成過程において、小笠原流礼法鈴木万亀子総師範に美しい姿勢のヒヤリングがあったこと、また、研究発表内容をマナーキッズプロジェクトが引用させていただき、かつ、明石要一千葉敬愛短期大学学長、根本正雄根本わくわく体操教室代表の協力を得て、「マナーキッズ体幹遊び36事例集　手引き」に繋がっております。

　マナーキッズ体幹遊び教室は、幼稚園・保育園の年少組から始めればいいと考えておりましたが、山梨県甲斐市社会福祉法人青空会、認定こども園「あおぞら保育園」、および児童発達支援事業所「子供教室あん」から、「3歳児からでは遅く、0歳児から始める必要がある」との報告書を受領しました。

　この報告を受けて、マナーキッズプロジェクトとして、根本正雄氏、およびあおぞら保育園園長の村井つかさ氏に「0歳からのマナーキッズ体幹遊び」のご執筆を依頼し、今般の発刊につながりました。

　「子供の体幹を鍛える大切さ」を川淵三郎氏よりご執筆していただき、

発行していただく株式会社冨山房インターナショナル坂本喜久子(喜杏)代表取締役社長のご紹介で、長年地道に積み重ねてこられたご功績のあるお茶の水女子大学名誉教授森下はるみ氏にもご執筆いただき、公益社団法人発達協会王子クリニック院長石﨑朝世氏より監修のことば他をご執筆いただいております。

　鈴木万亀子総師範より「はじめての礼儀作法」を、明石要一千葉敬愛短期大学学長より「マナーキッズ」調べ活用帳と「人生百年時代を生き抜く乳幼児からの活動プログラムの開発」を、そして体育・徳育・知育の基本である食育の観点から道見重信一般財団法人食と健康財団理事長に「健康の鍵は5歳位までに決まる腸内細菌」をご執筆いただいております。

　日野原重明先生がいつも言われていた「働くとは傍を楽にし、周囲を幸せにすること」、「相互扶助とはお互いが支えて支えられること」という言葉は、マナーキッズプロジェクトが目指している、一言で言えば、「マナー（礼）は他人への思いやりである」ということと相通じるものがあります。

　「0歳からの体幹遊び」の発刊が、子供の未来のために「姿勢・体幹」と「日本の食文化の原点に立ち戻る」きっかけになり、そして「働く」、「相互扶助」の精神が、国内外津々浦々に伝播することを念じております。

　ご一読を賜れば幸甚です。

令和元年8月28日

監修のことば

公益社団法人発達協会王子クリニック院長　石﨑朝世

　最近、発達に問題を持つ子供が増えていると言われる。子供たちの遺伝子などの素因に大きな変化があるはずはなく、発達の問題は、子供たちを取り巻く環境変化によるところが大きいと思われる。

　環境の変化としては、まず、少子化、小家族化があげられる。家庭でも地域でも、コミュニケーションをとる機会や人の気持ちを考えて行動する機会が減っている。物も豊かになり、我慢をする機会も減った。また、ネットによるやりとりが多く、直接のコミュニケーションなしで物が手に入る。遊びもネットやゲームが中心になるなど、体をぶつけ合ったり、直接言葉で言い合ったりする機会、あるいは、じっくり考えて判断する機会が減っている。このように、現代は、社会性やコミュニケーション力、思考力を育むことができにくい環境である。また、自然とのふれ合いが少なくなった。自然の中で過ごしている場合は、前頭葉にも刺激になる固有感覚や平衡感覚が多く刺激される運動、まさに体幹を鍛える運動がなされるが、木登りや、山や原っぱを駆け巡るなどの機会も乏しくなった。不器用な子が多くなり、手作りで物を作ることが減り、鉛筆を削るなどの手先を使った動作も減り、巧緻運動を発達させる機会が減って、協調運動を育むことも以前よりは難しくなっている。

　社会の大きな流れは変えることは難しいが、環境の変化を認識し、意識して、体幹を鍛えること、協調運動を育むこと、コミュニケーション力の向上を図ることは可能であると思う。それを小さな時期から行うことは、現代社会の状況を考え、急務である。ことに体幹を鍛えることは、様々な感覚の発達、情緒行動の発達にもつながるものであり、積極的に取り組まねばならない課題である。実際、本著に書かれていることは、発達協会の療育現場でも実践されており、0歳からでなくとも、良い影響を実感している。礼儀作法、「マナーキッズ」調べ活用帳、腸内細菌の話、健康寿命にかかわる乳幼児期からの取り組みについても書かれているが、子供を育てる過程でしっかり参考にできる内容である。

　以上の視点から、本著は多くの方々に手に取って読んでいただきたい。また、説明もわかりやすく、絵や図を多く使って、さらに親しみやすくなっており、幅広い分野、年齢層の方々に勧められる。

目　次

I　子供の体幹を鍛える大切さ

公益社団法人マナーキッズプロジェクト最高顧問　川淵三郎

「子供の体幹を鍛える、国民運動を広げたい！」

　テレビゲームやエアコンなどの普及で、今の子供は室内で遊ぶ時間が増え、外遊びが減っています。ただ、子供の体は木登り、川遊び、鬼ごっこなど全力で遊ばないと鍛えられません。

　子供の運動不足の影響は深刻です。転んだ時にサット手が出ないために「顔面制動」（転んで地面に顔から突っ込むこと）をするとか、跳び箱をしていて手首を骨折するなど怪我をする子供が増えているのです。その原因の多くは「体幹」が鍛えられていないからです。体幹がしっかりしていないと、手足もうまく動かせません。

　歩くことでも体幹は鍛えられます。20年ほど前、宇都宮の幼稚園が万歩計で園児の一日の歩数を調べています。結果は、平均1万6000歩。それが最近の調査では9000歩までに減少しています。

　ともに幼稚園内では8000歩ですから、家庭では今、1000歩しか歩いていないことになります。子供の運動能力は1985年がピークで、今の男の子はその6割、女子はさらに落ち込んでいます。

　礼儀にも繋がる正しい姿勢を保つには、体幹が大きな役割を担っています。ところが今の小学校では「起立、気をつけ、礼、着席」の習慣がありません。

　それを習慣化するだけで1日5時限として1日10回6年間で1万8000回です。体幹が鍛えられないわけがありません。子を持つ親は、こうしたことをあまり知らないのです。

　私が東京都教育委員会の委員だった時に、先生への尊敬の気持ちを持たせるためにも「起立、礼」を推し進めるべきだと提言してきました。

　協力をお願いした早稲田大学の間野義之教授による研究では、教室に

先生が入ってきたら自然に児童が立ち、小笠原流礼法の角度で礼をし、着席するのが正しい姿勢の完成形だといわれます。正しい姿勢は、知能の発達や内臓の機能も良くします。

　マナーキッズプロジェクトも、参加するレガシー共創協議会は、「ヘルス&マナーコミュニティ」の活動を進めています。これを国民運動に広げたいですね。

　世界のトップアスリートですら、体幹を鍛えております。0歳からのマナーキッズ体幹遊びをすることで運動能力を高め、それが健康な日常生活を送ることに繋がるのです。

Ⅱ　マナーキッズ体幹遊びのねらい

　体幹遊びは、なぜ必要なのか。体幹とは、頭と手足を除いた胴体の部分を意味し、胸部、腹部、腰部、背部の４つで構成されています。

　人間でいうところの中心部、つまり幹は、主に背骨から腰にあたる脊柱です。その体幹部の筋肉をしっかりと鍛えることで、これらの骨が安定し、正しい姿勢が維持できます。体幹遊びは、幼児、児童に遊びを通して、体幹を鍛えることをねらいにしています。

　元福島大学の白石豊氏は、運動伝導について次のように述べています。胴体を体幹と置き換えると分かりやすいです。

　「ある主要局面はすべての関節や四肢で同時に開始させるのではなく、その経過にある順次性、ある一定の順序がみられる。」

　つまり、運動はすべての関節や四肢で同時に開始されるのではなく、運動伝導の順序があるのです。白石氏は、次の場合を述べています。

ａ）胴体から四肢へ

　　外的な運動課題（投げる、押す）などの場合には、中心部（胴体）から末端部（四肢）へ伝導。つまり、動かさなければならない対象の指す方向への伝導がおこる。

ｂ）四肢から胴体へ

　　運動課題かつ身体の内へと向けられている場合（跳躍や器械運動）には、末端部、つまり四肢から中心部（胴体）へと移り変わっていく。

⑴胴体から四肢への例としては、胴体から腕への伝導がある。投げる、たたく、押し上げる、振り投げる運動である―ピッチングなど。

　　胴体から腕を経て用具（ボール）などの場合もある―やり投げ、テニスなど。

⑵胴体から脚への伝導

　　サッカーのキック、水泳の足の動き。伝導は胴体→大腿→下腿→脚

　→外的抵抗体へと至る。

　これらを理解すると、胴体（体幹）を鍛えることがいかに大事かが分かります。胴体から運動が始まり、胴体に運動が返ってくる。つまり、投げるという運動課題を高めるには、胴体（体幹）を鍛えなければならないのです。

　体幹はスポーツ選手にとって必要不可欠です。一流スポーツ選手も体幹を鍛えています。しかし、幼児・児童に大人と同じような内容で体幹トレーニングを行うことは危険です。

　幼児・児童の発達に応じた内容で指導することが望ましいのです。そのために「体幹遊び」を考えました。遊びを通して体幹づくりをしていくという考えです。子供が楽しく遊んでいる中で、結果として体幹が鍛えられるのです。

　体幹を鍛えることは、運動能力を高めることにつながります。そして、礼儀や挨拶などのマナーの向上にもつながります。体幹遊びは０歳から行っていくことが大事です。

Ⅲ　マナーキッズ体幹遊び

　全国9名の先生方に体幹遊びを作成していただきました。作成の観点は、用具を使わない体幹遊びと用具を使う体幹遊びの2つの領域です。

　体幹を鍛える運動はたくさんあります。マット、跳び箱、鉄棒、サッカー、バスケットボールと、ほとんどの運動種目で体幹は鍛えられます。そこで、誰でも、どこでもできる運動遊びに限定しました。

　それぞれの運動遊びを、1乳幼児編（0歳～2歳）　2初級編（3歳～5歳）　3中級編（1年生～3年生）　4上級編（4年生～6年生）と子供の発達に合わせました。また、一つの運動遊びを　①1人遊び②2人遊び　③集団遊び　の順序で行うように組み立てました。

　1人遊びは、基本となる動きを習得します。2人遊びは、習得した動きを活用させ、2人で行います。集団遊びは、1人遊び、2人遊びを発展させ、仲間と一緒に行い、コミュニケーション能力を育てます。このように系統づけると、指導がしやすいし、子供も学びやすいです。

　なお、用具を使う運動遊びは、身近にある新聞紙、タオル、ロープなどに限定しました。幼児から高学年までできるからです。学校の体育館だけでなく、広場や公園でもできる種目です。

1　乳幼児編　0歳〜2歳

山梨県甲斐市あおぞら保育園園長　村井つかさ

（1）　用具を使わない体幹遊び

①　1人遊び

| 1　うつ伏せ：1か月過ぎ〜 |

〈方法〉

①布団に顔を横向きにうずめた状態で寝る。

②頭を持ち上げたり、顔を左右に動かしたりする。

③なれたら、手を伸ばしたりする。

〈留意点〉

①ふわふわ布団、毛布などのふわふわ素材は使用しない。

②目を離すと窒息してしまう危険性があるので、注意する。

顔を横向きにうつ伏す

頭を持ち上げたり、顔を左右に動かす

2　寝返り：4か月頃〜

〈方法〉

　①身体を手で静かに転がしてあげる。

　②手を身体の下に入れて静かに前後にゆさゆさ揺すってあげる。

　③シーツにのせ、静かに転がしてあげる。

〈留意点〉

　①無理に寝返りをさせない。

　②赤ちゃんの背中をさすってあげるようにする。

うつ伏せ

横向き

仰向け

3　うつ伏せ回転：4か月〜

〈方法〉

①うつ伏せ状態から、お腹を軸に回転する。

②手の平、足の指を使い回転する。

③うつ伏せで360度回転する。

〈留意点〉

①十分に寝返りができるようにしてから行う。

②自力でできるようにする。

うつ伏せから腹を軸に回転

手の平や足の指で回転

腹を軸に興味のある方へ

4　腹ばい：4か月〜

〈方法〉

　①お腹を下にして寝ころぶ。

　②顔を上げ、お腹を支えてはう。

　③手や足で床を押したり引いたりして前進する。

〈留意点〉

　①首すわりや寝返りができてから行う。

　②無理はさせない。

　③うつ伏せの腹ばいから、はう腹ばいを行う。

お腹を下にして寝ころぶ

顔を上げ、お腹を支えてはう

5 四つばい（ハイハイ）：8か月〜

〈方法〉

①両手と両膝を床に着けてお腹を持ち上げて、四つばいになる。

②四つばいの姿勢で移動する。

③四つばいの姿勢で段差を登る。

〈留意点〉

①最初は膝が曲がってもよい。

②四つばいの姿勢ができるようになったら、親が見本を見せる。

③発達に差があるので、急いでさせない。

両手と両膝を床に着ける

四つばいの姿勢で前進後進

段差を登る

6　トンネルくぐり：8か月〜

〈方法〉

　①ダンボールでトンネルをつくり、そこをハイハイする。

　②ハイハイができたら、高ばいで行う。

　③最初は短いトンネルで行い、しだいに長くしていく。

〈留意点〉

　①ハイハイができるように、トンネルは大きくする。

　②怖がるようなら無理にさせない。

　③うまくできたら、たくさんほめる。

短いトンネル　　　　　　　　　　中ぐらいのトンネル

長いトンネル

7 ハイハイ鬼ごっこ：8か月〜

〈方法〉
　①両手と両膝を床に着けてお腹を持ち上げて、ハイハイの姿勢
　　になる。
　②ハイハイの姿勢で移動する。
　③ハイハイの姿勢で追いかけ、追いかけられる。

〈留意点〉
　①体を水平に保って移動する。
　②目的まで移動したら、次の目的に行く。
　③右手と左手、目と手、手と脚の協応をさせる。

ハイハイの姿勢になる　　　　　　　　　目的地まで移動する

大人と追いかけっこ

8　高ばい（クマ歩き）：10か月〜

〈方法〉

①お尻を上げて四つばいになる。

②両手足を床に着けて、お腹とお尻を上げた状態でハイハイする。

〈留意点〉

①クマ歩きとも呼ばれる。手足の筋肉がしっかり発達した後に行う。

②尻を高く上げて歩くようにする。

③歩く距離をだんだん多くしていく。

両手足を床に着ける

お尻を上げてハイハイ

9　つかまり立ち：10か月〜

〈**方法**〉

　　①自力で何かにつかまって、膝を伸ばして両足を着けて立つ。

　　②いろいろな物につかまって立てるようにする。

〈**留意点**〉

　　①ハイハイができるようになったら行う。

　　②高さのあるものにつかまるので、安全面に気をつける。

　　③個人差があるので、遅くなっても心配しない。

膝の高さで

腰の高さで

胸の高さで

10 座り歩き：1歳位〜

〈方法〉

　①最初は背中を丸めて前かがみになる。

　②両手を床に着いて、どうにか座っているような状態になる。

　③徐々に背中が伸び始めて安定した状態になる。

　④座りながら、手と足を使って歩く。

〈留意点〉

　①最初は膝が曲がってもよい。

　②四つばいの姿勢ができるようになったら、親が見本を見せる。

背中を丸めて前かがみになる

両手を床に着いて座る

背中を伸ばして座る

11　座ってジャンプ：2歳位〜

〈方法〉

　①爪先立ちでかかとの上にお尻をのせ、腰を降ろす。

　②お尻をのせ、腰を降ろした姿勢からジャンプする。

　③なれたら、ジャンプしながら移動する。

〈留意点〉

　①最初は、かかとを着いてもよい。

　②その場で1回、2回、3回とジャンプができるようにする。

　③できるようになったら、連続してジャンプする。

かかとの上にお尻をのせる

ジャンプしながら移動

12　背歩き（クモ歩き）：2歳位〜

〈方法〉

　①手足は床に着き、お腹は仰向けにする。

　②お腹と腰と共に持ち上げ、前（足の方向）に歩く。

　③前ができるようになったら、後ろ（手の方向）、横の方向に
　　歩く。

〈留意点〉

　①最初はお尻が着いてもよい。

　②足と手のタイミングに気をつけて歩く。

　③最初はゆっくりで行い、なれてきたら速く行う。

両手でしっかり支持する

前をしっかり見る

（2）　用具を使う体幹遊び

①　1人遊び

1　ボール追い：4か月〜

〈方法〉

　①小さいボールを転がして、目で追う。

　②方向転換や腹ばいができるようになったら手を伸ばして、
　　ボールに触れる。

　③最初は短い距離で行い、しだいに長い距離にしていく。

〈留意点〉

　①ボールは赤、黄、青などの目立つ色にする。

　②小さいボールができたら、少し大きいボールにする。

目の前のボールを追いかける

長い距離にして追いかける

2　山登り降り：8か月〜

〈方法〉

　①台（セーフティーマット）の上にマットをのせ、坂道を作る。

　②坂道をハイハイでよじ登り、降りる。

　③ハイハイができたら、高ばいで登り、降りる。

〈留意点〉

　①最初はゆるやかな坂道にする。

　②ゆっくりと、手と膝を着いて登り、降りさせる。

　③坂道の傾斜を高くして、登り、降りさせる。

ハイハイで登る　　　　　　　　　高ばいで登る

高ばいで降りる

3　ボール取り：8か月〜

〈方法〉

　①小さいボールを転がして、ハイハイで取りに行く。

　②ハイハイができたら、高ばいの姿勢でボールを取りに行く。

　③最初は短い距離で行い、しだいに長い距離にしていく。

〈留意点〉

　①ボールは赤、黄、青などの目立つ色にする。

　②小さいボールができたら、少し大きいボールにする。

　③1人でできたら、2人で取りに行くようにする。

赤いボールを取る　　　　　　　　　黄色いボールを取る

たくさんのボールを取る

4　バランスボール：8か月〜

〈方法〉

　①バランスボールに腹ばいになる。

　②バランスボールの上で、前後に揺らす。

〈留意点〉

　①バランスボールから落ちないようにする。

　②小さいボールができたら、少し大きいボールにする。

　③落ちないように補助してもらう。

腹ばいになる

前後に揺らす

大きなボールで

5　段差登り：9か月〜

〈方法〉

①滑り台の逆登りをする。

②段差のある階段を乗り越える。

③手と足をしっかり使って登る。

段差登り

〈留意点〉

①小さい子供には、補助して登らせる。

②急がないで、ゆっくりと登らせる。

③なれたら、友達と登らせる。

6　箱押し引き：11か月〜

〈方法〉

①膝立ちで、重みのある物を押したり、引いたりする。

②つかまり立ちで、重みのある物を押したり、引いたりする。

③小さい箱ができたら、大きい箱に挑戦する。

〈留意点〉

①滑って転ばないように気をつける。

②なれてきたら箱に重みをつけて、できるようにする。

③1人でできたら、2人で押したり、引いたりする。

押したり、引いたりする

（3）　乳幼児の体幹遊び

　子供たちは様々な環境で育ち、その環境から自然に身体づくりがされて体幹が強くなり、バランスよく身体を動かして様々な動きができるようになります。より良い環境で育った子供は、遊びながら「首座り・寝返り・四つばい・お座り・つかまり立ち・1人歩き」と順番に発達し、ぎこちない動きがなく成長し、「バランス良い身体」ができていきます。

　より良い環境とは、「十分な広い空間・自由に身体を動かせる時間・一緒に楽しめる相手」ではないでしょうか。現代この環境が与えられて生活できている子供は少数と言ってよいでしょう。だからこそ「乳児の体幹遊び」を意識的に補う必要があると思います。

　私たち保育現場においての経験では「寝返り」が不十分な場合、「正しい四つばい」ができない子供が多く、その子が1〜2歳になって1人歩きができるようになったとき、正しい四つばいで養われる体幹（腹筋など体の中心で支える力）が弱く、静止している（立っている・座っている）ことができずウロウロ歩いたり、ゴロゴロと寝転ぶことが多くなり、「待つ・見る・聞く」力が弱く、我慢ができない子供になります。

　3〜4歳になると、歩くときに体が左右に振れ、真っ直ぐに歩くことができず、物や人にぶつかることが多くなります。また椅子に座ったときに、足を床に下ろして背筋を伸ばして座ることができず、正面を向いて座ることができません。5〜6歳になるとバランスが悪く、片足立ちやケンケン・スキップ、真っ直ぐに走ることが上手くできずに足が遅い運動が苦手な子供になる場合が多く見られます。

　また集団教育の中で必要な「待つ・見る・聞く」力が弱いと、学力が低く、持久力がなく、自信が持てない・やる気が起きない・自分が好きになれないなど、自己肯定感が低くなることがあります。

　昔から「健全なる精神は健全なる身体に宿る」といわれます。昔から子供の成長発達に大きな変わりはありません。0歳で養うべき「体幹」を親子で楽しく遊びながら育めることはとても大切なことと考えます。

（4）　あおぞら保育園「体幹遊び」を取り入れた結果

　あおぞら保育園は、2010年5月に開所した認可保育園です。子供たちの発達を鑑みながら、現代と私たち指導者の子供の頃との違いをみると、現代の子供たちは怪我が多く動き方がギクシャクしていることです。

　これは明らかに日々の運動の低下ではないかと考え、2014年から体育記録会を行うことを決めました。1年目はほとんど残る記録はありませんでした。2年目から残せる記録ができました。この年から「マナーキッズ体幹遊び（以下体幹遊び）」を中心とした体育ローテーションを取り入れ、次の表のような結果が出ました。

あおぞら保育園　体力測定　平均

	種目	2009年度生まれ	2010年度生まれ	2011年度生まれ	前年度	2012年度生まれ	前年度	2013年度生まれ	MKS運動能力検査 規準（男女）	
実施月 10月	記録会実施年度	2014年	2015年	2016年		2017年		2018年	5歳前半	
	平均年月齢		5歳0か月	4歳8か月		5歳2か月		4歳9か月		
1年目 4歳児（年中児）	25M走（秒）		7.41	6.87	-0.5	7.35	0.5	6.75	8.4	～ 5.9
	立ち幅跳び（CM）		79.88	90.11	10.2	93.56	3.5	95.02	58	～ 120
	ボール投げ（点）5M		2.31	4.56	2.3	5.59	1.0	5.37	2.0	～ 10.5
	両足連続跳び（秒）		5.61	6.43	0.8	6.17	-0.3	6.63	9.6	～ 4.4
	体支持持続時間（秒）		19.98	44.43	24.5	44.59	0.2	39.07	5	～ 180
2年目 5歳児（年長児）	記録会実施年度	2015年	2016年 前年度	2017年 前年度		2018年 前年度		2019年	6歳前半	
	平均月例	5歳8か月	6歳0か月 差	5歳8か月 差		6歳2か月 差				
	25M走（秒）	7.22	6.14 -1.1	6.33 0.2		5.77 -0.6			7.4	～ 5.3
	立ち幅跳び（CM）	94.97	114.67 19.7	115.56 0.9		111.07 -4.5			78	～ 138
	ボール投げ（点）5M	4.97	6.42 1.5	5.98 -0.4		6.29 0.3			3.0	～ 15.0
	両足連続跳び（秒）	4.65	5.54 0.9	5.00 -0.5		4.17 -0.8			6.7	～ 4.6
	体支持持続時間（秒）	32.31	49.17 16.9	77.49 28.3		55.55 -21.9			11	～ 180
記録結果差異		（2年目－1年目）						結果	参考資料 幼児運動能力研究会 MKS幼児運動能力検査 判定基準表を基に 下は女児最下 上は男子最上 の数字です。	
	25M走（秒）	-1.27		-0.54		-1.58		タイムが縮む		
	立ち幅跳び（CM）	34.79		25.45		17.51		距離が伸びた		
	ボール投げ（点）5M	4.11		1.42		0.70		距離が伸びた		
	両足連続跳び（秒）	-0.07		-1.43		-2.00		タイムが縮む		
	体支持持続時間（秒）	29.19		33.06		10.96		耐久時間が伸びた		

※　2015年3月から体育ローテーションを実施

体育記録会実施検証

　記録会を行う中で「体幹遊び」を中心とした体育ローテーションを取り入れ、年々感じた感想が次の通りです。

25 M走	○	前を見て真っ直ぐ走れるようになった。
	○	よく腕を振るようになった。
	○	スタートダッシュと走り抜けが速くなった。
立ち幅跳び	○	柔軟に膝が曲がるようになりバネが強くなった。
	○	腕の振り切りが強くなった。
	○	踏切がぶれなくなった。
ボール投げ	○	真っ直ぐ投げられるようになりコースアウトがいなくなった。
	○	軸がぶれずに体重移動が上手くなりフォームがきれいになった。
	○	肩が回るようになり腕だけで投げることがなくなった。
両足連続跳び	○	途中で止まることがなくなった。
	○	バーに足を引っかける子が少なくなった。
	○	ジャンプが高くなった。
体支持	○	上腕の力が強くなった。
	○	左右の力のバランスが良くなった。
	○	持久力が安定した。

「体幹遊び」体育ローテーション実施結果

1．0〜1歳児「体幹遊び」体育ローテーションの内容（2019.4.1 現在）
　①マット（クマ歩き）
　②トランポリン
　③バランスボール（前後に揺れる）※環境に慣れ、その日の様子で鉄棒ぶら下がり・跳び箱（登り跳び降り）・ジグザグジャンプ・台上歩きを増やしている。

2．2〜5歳児「体幹運動遊び」体育ローテーションの内容（2019.4.1 現在）
　①ウォーミングアップ（ランニング右回り左回り・スキップ・ギャロッ

プ・体ひねり3種）ゴムまたぎ側転

②マット（前転・クモ歩き（4.5歳））

③クマ歩き（2.3歳）

④ラダー（グー・パー前進・後進）

⑤ミニハードル（両足跳び・片足跳び）

⑥鉄棒（ぶら下がり・ダンゴムシ・足抜き回り・尻抜き回り・前回り）

⑦滑り台逆走

⑧登り棒・うんてい

⑨ケン・パー（跳び方ランダム）

3．実施結果評価

①挨拶・整列が身についてきている。

②運動の後に日課を取り入れたことにより「静と動」の取り組みができた。その後の生活にも落ち着きが見られる。

③朝の体育ローテーションが楽しみになり、登園時間が一定化した。

④職員の意識に変化が見られた。定めた時間の中で職員自らが配置を考え、児童の能力を細かく分析し、苦手なことを発見し、評価分析を行い、改善策を見出している。

⑤年月齢により個々の能力は違うが、0歳から行うことで体幹が鍛えられ、意識しながら続けてきた成果が、体育記録の結果につながっている。

4．考察

①限りある場所・時間を効率的に利用し、運動・日課は早朝から取り入れることにより、園全体のリズムの構造化が図れた。

②就学前までの目的（逆上がり、または連続逆上がり・倒立前転・跳び箱4段・縄跳び前回り後ろ回り連続30回）を定め、0歳児から段階ごとの目標を持つことで保育教育に対する意識が向上し、達成度が明確になった。

③個々の苦手意識がはっきりし、積み重ねることで苦手意識が克服し、楽しく積極的に取り組むことで自己肯定感が上がってきている。

「体幹遊び」体育ローテーション今後の課題について

1. 今後の課題

　①体育ローテーションに限らず、体育全般において発達障害の子供を
　　どう巻き込んでいくのか。

　②職員が少人数で行う時に、どうやって支援が必要な子供にアプロー
　　チしていけばよいのか。

2. 課題に対する根本正雄氏の意見

　①根本正雄著「発達障害児を救う体育指導」（学芸みらい社）に載っ
　　ているので、参考にして欲しい。

　②職員が少なくても、場作りが支援になる。場作りができていれば、
　　子供が自然と出来るようになる。
　　職員が関わらなくてもよい方法を考える。ただし、職員は原理原則
　　を知っておく必要がある。

3. まとめ（根本正雄氏の感想）

　①体育記録の結果を見ても分かるように、始める前と始めてからの数
　　年を比べれば数字的にのびている。

　②客観的に見ていて、支援の必要な子が5人もいるとは思えない子供
　　たちの動きであった。指導している内容に大きな狂いはない。日々
　　の先生方の努力のたまものである。

　③正しい指導をするためには、運動の基礎を適切に行っていくことで
　　ある。

　④幼児期に培った基礎は将来の糧に必ずなる。今後も続けていくこと
　　は大きな成果につながっていく。

2　初級編　3歳〜5歳

根本正雄

（1）　用具を使わない体幹遊び

①　1人遊び

| 1 | 動物歩き |

〈方法〉

　①色々な動物になりきって歩く。

〈留意点〉

　①手指を開かせ、腕でしっかり支持をさせる。

　②慌てると顔を床にぶつけることがあるため、ゆっくりと運動
　　させる。

クマ

アザラシ

クモ歩き

2　片足バランス

〈**方法**〉

　①片足を上げる。

　②両手を開き、バランスをとる。

〈**留意点**〉

　①バランスが崩れたら手をほどいて両足を着けることを教え、
　　決して無理はさせない。

　②目をつぶることで、さらに難易度が増す。

　③バランスをとれている時間を競うことや、手で足首を持った
　　り、前のめりで飛行機のポーズになったりすることもできる。

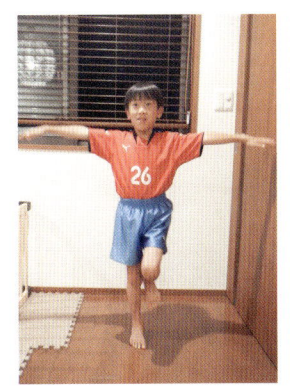　　

| ポーズ | 手で足首を持つ | 前のめりで飛行機のポーズ |

①　2人遊び

〈方法〉

①2人組でじゃんけんをして、負けた方が車になり、勝った方は支える役になる。

②車になっている方は床に両手を着き、腕立ての姿勢になる。

③支える方は、膝を持つ。一歩ずつゆっくり歩く。

〈留意点〉

①支える役は、車役のペースに合わせる。崩れないように、ゆっくりと行う。

②5歩歩いたら交代など、数を決めておく。

③車役のレベルに合わせて、もも→膝→足首など、持つところを決める。

ももを持つ
（レベル1）

膝を持つ
（レベル2）

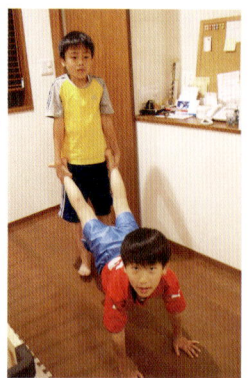

足首を持つ
（レベル3）

2　馬跳び

〈方法〉

　①2人組でじゃんけんをする。

　②負けた方が馬になり、勝った方が跳ぶ。

〈留意点〉

　①馬役は足を少し開き、足首を持ち、頭をグッと入れる。馬役
　　は動かないようにする。

　②跳ぶ人は、自分のレベルに合わせて、馬の高さを指定する。

　③5回やったら交代など、数を決めておく。

③　集団遊び

1　大根抜き

〈方法〉

①鬼を２名決める。

②その他は４〜５名で背中を合わせ、腕を組む。

③鬼は伸ばした足を大根にみたてて抜く。

〈留意点〉

①急に引っ張ると相手の足が痛いので、ゆっくり引くようにさせる。

②足首を持たせる。

抜かれないように、しっかり腕を組もう

参考文献　『子どもが夢中になる！楽しい運動遊び』（学研）

2　かめの甲作戦

〈方法〉

①4〜5人で円になって手首を握る。

②足を広げて踏ん張り、お互いに引っ張り合う。

③どちらかの足が動いたら勝負あり。

〈留意点〉

①手首をしっかり握る。

②急に力を抜かない。

足を広げて、しっかり立つ

参考文献　『子どもが夢中になる！楽しい運動遊び』（学研）

（2）　用具を使う体幹遊び

①　１人遊び

1　ケンパー

〈用具〉　輪

〈方法〉
　①リズム太鼓に合わせてケンパーをする。
　　「ケンケンパー、ケンケンパー」

〈留意点〉
　①"ケンケンパー"だけでなく、"ケンケングー"や"ケンパーケンパーケンケンパー"など、様々なリズム・動き方が考えられる。
　②ケンケンは同じ足で行う。毎回足を変えるなどして、どちらの足も経験させる。

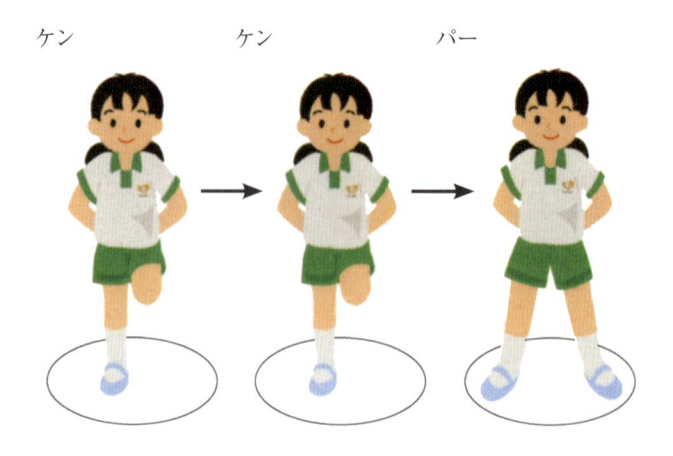

2 動物変身遊び

〈用具〉 マット

〈方法〉

①いろいろな動物に変身して歩く。

〈留意点〉

①肘、膝、つま先を使って、楽しく歩く。

ペンギン歩き（膝で歩く）

ワニ歩き（肘で歩く）

クマ歩き（足と手で歩く）

アヒル歩き（しゃがんだ姿勢で歩く）

②　2人遊び

1　ロープ遊び

〈用具〉　ロープ（短縄）

〈方法〉
　①2人組でロープの端と端を持つ。
　②スタートの合図で引き合う。
　③ゴールラインまで引っ張れた方の勝ち。

〈留意点〉
　①手を急に離さないように指導する。

2　変身遊び

〈用具〉　新聞紙

〈方法〉
　①新聞紙の動きを真似しよう。
　②⑴1人の子供が新聞紙を持ち、もう一方の子供は新聞紙に
　　　なったつもりで動く。
　　⑵動き方のバリエーションを教えたら、2人組で順番に真
　　　似させる。

〈留意点〉
　①上手に動けている子をほめ、動きを広げる。

③　集団遊び

1　尻相撲

〈用具〉　マットまたは新聞紙

〈方法〉
　　①直径２メートル程度の土俵（足でラインを描く）、またはマット上で行う。
　　②手を使わないで、尻で相撲をする。
　　③相手をラインの外に出したり、バランスをくずして相手を倒したりしたら勝ち。

〈留意点〉
　　①尻と尻を合わせて相撲を行う。
　　②発展として、片足ケンケンで行う。

2　新聞紙リレー

〈用具〉　新聞紙

〈方法〉

①1チーム6人ぐらいとする。

②1人1枚新聞紙を持ち、お腹に張りつける。

③新聞紙が落ちないように進む。

④スタートし、コーンを回って戻ってくる。

⑤ゴールに戻ってきたら、次の人にタッチし、次の人はスタートする。

⑥進めないくらい大きく破けたら、その場で新しい新聞紙に交換してもよい。

〈留意点〉

①転んで怪我をしないようにする。

②幼児が遊ぶ場合は、バランスを崩しやすいので、ゆっくり進む示範を見せる。

③なれてきたら、1チーム新聞紙1枚とし、バトンとすることもできる。

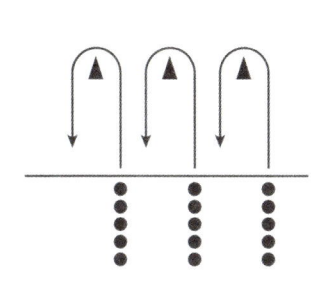

3　中級編　1年生〜3年生

根本正雄

（1）　用具を使わない体幹遊び

①　1人遊び

1　お尻歩き

〈方法〉

　①手を使わずに、長座をした状態で歩く。

　②できるだけ、素早く動く。

〈留意点〉

　①子供の発達段階にもよるが、あまり距離を取らない。

2　腕立て拍手

〈方法〉

①腕立ての姿勢になる。

②お腹、あごなどを床に着かないようにして、拍手をする。
手を着かないで、できれば成功。20秒で何回できるかなど
測定する。

〈留意点〉

①できないうちは、膝を着いて、アザラシのような形でさせる
とよい。

（できないうちは、安全上マットの上で行ったほうがよい。）

②　2人遊び

〈方法〉

　　①ペアでじゃんけんをする。

　　②負けた方が、よじ登り壁倒立をする。

　　③勝った方は、壁と倒立している手の間をくぐる。

〈留意点〉

　　①なれてきたら、壁倒立のまま、じゃんけんをする。

　　②片方に偏らないように、最後は、やっていない人がする。

2　腕立てじゃんけん

〈方法〉

　①腕立ての姿勢になる。

　②じゃんけんをする。

　③負けた方は、腕立て伏せを1回する。

〈留意点〉

　①できないうちは、膝を着いて、アザラシのような形でしても
　　よい。

③　集団遊び

| 1　ケンケン相撲 |

〈方法〉

　①片足で立ち、胸の前で腕を組む。

　②ケンケンのまま相手と肩や腰などで押し合って相撲をとる。

　③ラインから出たり、浮かしている方の足が着いたりしたら負け。

〈留意点〉

　①遠い距離から勢いをつけすぎて激しくぶつからないようにする。

　②利き足だけでなく、左右両方の足で行う。

2　足の踏みあい合戦

〈方法〉

①5人〜6人組になる。

②円になり、鬼を1人決める。

③鬼は、自分以外の人の足を踏む。他の人は、踏まれないように逃げる。

〈留意点〉

①短時間で、次々と鬼を交代していく。

②踏まれたら、交代などのルールにしてもよい。

しっかり踏ん張って
バランスをとる

参考文献　『すぐ使える体ほぐし136選』（明治図書）

（2）　用具を使う体幹遊び

①　1人遊び

1　ブリッジ
〈用具〉　マット

〈方法〉
　①仰向けになる。
　②両掌を床に着ける。腕を耳につける。指先は肩の方に向ける。
　③膝を立てる。
　④腕で体を持ち上げ、ブリッジを作る。

〈留意点〉
　①手と手の間の床を見るように指示する。
　②はじめは、大人が子供の腰部分を持ち上げてあげて、体勢を
　　作る。
　③なれないうちは、長い時間ではなく、短い時間で数回行う。
　④できるようになったら、片足を上げたブリッジや片手のブ
　　リッジにも挑戦する。

2　タオル七変化遊び

〈用具〉　タオル（フェイスタオルやスポーツタオルサイズのもの）

〈方法〉

①タオルを上に投げる。その間に、何回拍手できるか数える。

②タオルの両端を持ち、縄跳びのように、足の下、頭の上を通す。

③タオルを片手で持ち、足の下で回してジャンプをする（足きり跳びをする）。

〈留意点〉

①タオルを上に投げる運動では、膝の屈伸を使うと、数が増えることに留意する。

②縄跳びのようにする運動では、転ばないように、ゆっくり回させることに留意する。

③タオルを片手で持ち、足の下でジャンプする運動では、膝を曲げると跳びやすくなることに留意する。

①  ② 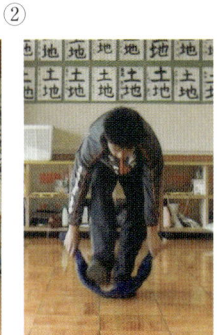 ③

②　2人遊び

1　バランスロープ引き

〈用具〉　・ある程度丈夫な縄。（長さ太さ共にダブルタッチ用の
　　　　　　ロープがちょうどよい。）
　　　　・ケンステップ

〈方法〉
　①ペアで行う。
　②右手にロープを持ち、ロープを腰の後ろに回して相手に同じ
　　ように持たせる。
　③ロープを引き合って、バランスをくずしたり、ケンステップ
　　から足が出てしまったりしたら負け。ロープを離してしまっ
　　ても負け。

〈留意点〉
　①急にロープを離さないようにする（転倒などの怪我につなが
　　る）。
　②発展として、跳び箱や平均台の上などバランスのとりにくい
　　物の上で行ってもよい。

2　ボールレスリング

〈用具〉　ボール（2人に1個）

〈方法〉
　①1人がボールをお腹の下に隠し、うつ伏せになる。
　②もう1人はその人をひっくり返して、ボールを奪う。
　③ボールを持っている人は、ボールを奪われないように守る。
　④一定時間で終了する。

〈留意点〉
　①殴ったり、蹴ったりしないようにさせる。

③　集団遊び

1　手押し車じゃんけん列車

〈用具〉　ロープ　10 m × 2 本、コーン 2 本（ロープで電車を作る）

〈方法〉
　①2 人でペアを作り、手押し車で対抗戦。
　②出会ったところで、じゃんけんぽん。
　③じゃんけんで負けたら、後ろへ並ぶ。
　④人間列車が多い方が勝ち。

〈留意点〉
　①じゃんけんの結果、コーンへのタッチなどの判定は教師がする。
　②20 m ロープを 1 本使い、手押し車でじゃんけん！などのバリエーションもある。

2 だるまさんがころんだ

〈用具〉 サッカーボール、ドッジボールなど

〈方法〉

①鬼を決める。

②鬼以外の人は、ボールを1人1個持つ。

③開始。鬼は「だるまさんが、ころんだ！ 左手」などと言う。

④言い終わったら後ろを見て、動いている人を見つけ、名前を叫ぶ。

「○○○ちゃん、動いてる！」

⑤動いていることが見つかった人は、鬼の近くの牢屋へ入る。

⑥だれかが、鬼の背中をタッチしたら、牢屋にいる人全員が生き返ることができる。

〈留意点〉

①「だるまさんが ころんだ！ ○○」の○○は、鬼が自由に入れてよい。たとえば、「あし」「おなか」「へそ」・・・・など。ようするに、その体の部分で、ボールをとめる。

<手でとめる>　　　<足でとめる>　　　<お腹でとめる>

4　上級編　4年生～6年生　　　　根本正雄

（1）　用具を使わない体幹遊び

①　1人遊び

1　進化じゃんけん

〈方法〉

①スタートラインでじゃんけんをする。勝った人は決められた動きで次のラインまで進み、新しい相手とじゃんけんをする。

②じゃんけんに勝ったら、また次のラインまで別の動きで移動する。

③最後のラインで勝ったら得点とし、黒板に自分の名前を書く。

④得点したら、スタートラインに戻ってじゃんけんをする。

⑤一定時間（3～4分）に得点できた数で競う。

〈留意点〉

①足じゃんけんで行ってもよい。

②実態に応じて、移動する際の動きを変えたり、移動の距離を変えたりする。

アザラシ　　うさぎ跳び　　ケンケン

参考文献
『体育授業のじゃんけん50』
（大修館書店）

2　背泳ぎ歩き

〈方法〉

　①お尻歩きと同じ要領で動く。

　②後ろに進むときに、背泳ぎのように手を大きく上に振り上げる。

　③右のお尻を上げるときは右腕、左のお尻を上げるときは左腕を大きく振り上げながら後ろに進む。

〈留意点〉

　①チームを作って、リレー形式にしてもよい。

② 2人遊び

1 息を合わせてリズム跳び（足の開閉跳び）

〈方法〉

①2人組になり、1人は足を伸ばして座る。もう一人は、その足をまたいで立つ。

②呼吸を合わせて、立っている人がジャンプをすると同時に、座っている人は足を閉じ、またすぐに足を開く。

③リズムよく10回続けられたら交代する。

〈留意点〉

①なれてきたら、座っている人は踵を床に着けずに少し浮かせるようにする。

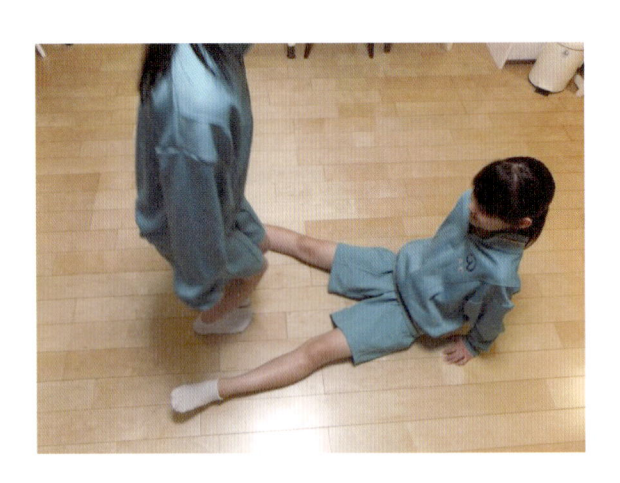

2　腹相撲

〈方法〉

①直径2メートル程度の土俵ラインをかく。

②手を使わないで相撲をする。

③相手をラインの外に出したり、バランスをくずして相手を倒したりしたら勝ち。

〈留意点〉

①発展として、片足ケンケンで行う。

③　集団遊び

1　Sケン

〈方法〉

①2チームに分かれる（1チームに、5人から8人）。

②運動場に、Sの字のコートをかく。

③相手チームの宝物を先に取る、または踏んだ方が勝ち。

④自分のチームの陣地だけは両足で歩いてよい。それ以外の場所は片足でケンケンする。

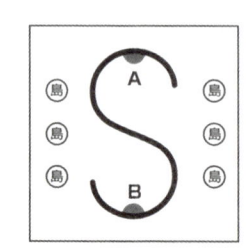

⑤相手に会ったら、ケンケン相撲で戦う。

⑥転ばされた人や両足が地面に着いた人は、自分の陣地へ戻り、はじめからやり直しで攻める。または、外野で応援をする。

⑦S字の外の○は島。島では、両足を着いて休んでもよい。

⑧相手陣地では、両足を着いてよい。相手に会ったら、相撲をする。

〈留意点〉

①ルールを守り、怪我をしないような配慮が必要。

2　お地蔵さん倒し

〈方法〉

①3人組で、横一列に並ぶ。

②真ん中の子がシーソー役になり、周りの人は支え役になる。

③シーソーの人は、足をくっつけたまま動かないようにする。

④支え役の人は、足をチョキにしてかまえる。

⑤肩を押してシーソーのようにゆっくり揺らす。

⑥シーソー役の人は、体を一直線にする。

〈留意点〉

①真ん中の人が怖がらないように、はじめは揺れ幅を小さくする。

②真ん中の人が横向き、縦向きなどでもできる。

（1）　用具を使う体幹遊び

①　1人遊び

1　閉眼片足立ち

〈用具〉　安心クッションかまぼこ型（平均台でも可）、新聞紙

〈方法〉
　①目をつぶり、片足を床から上げる。（最初は目を開けてもよい）
　②最初は両腕を広げ、バランスをとる。
　③両腕を自然におろし、なるべく身体を動かさないでバランス
　　をとってみる。

〈留意点〉
　①平均台を使用する場合には、マットを敷くこと。
　②新聞紙の上で行う時は、新聞紙が破れないようにする。

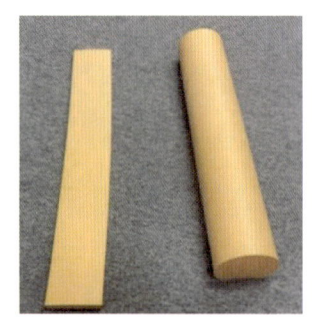

安心クッションかまぼこ型

2　片足振り子

〈用具〉　安心クッションかまぼこ型（跳び箱1段、平均台でも可）

〈方法〉
　①かまぼこ型を縦にする。
　②片足を振り子のように振ってバランス感覚を養う。

〈留意点〉
　①恐怖心を軽減するために、マットなどを置いてもよい。
　②教師が指示する動きをさせる。（例）右足を振ります、左足
　　を振ります、など。

②　２人遊び

1　２人でスタンドアップ

〈用具〉　ボール

〈方法〉

　①２人で背中合わせになり、背中部分にボールを挟み、腕を組んで座る。

　②「せーの」の合図で立ったり座ったりする。ボールを落とさず立ったり座ったりできれば成功。

〈留意点〉

　①足がずれないように踏ん張る。

　②膝を曲げ、相手の背中を自分の背中で押す。

　③発展として、腕を組まずに言葉の合図だけで行うこともできる。

2　新聞紙キャッチ

〈用具〉　新聞紙　ゼッケン

〈方法〉
　①2人組になる。
　②1人が新聞を持ち、ふわりと投げる。
　③もう1人は、体の一部でキャッチをする。

〈留意点〉
　①キャッチする場所を腕や腿、足、背中などと変えていくこと
　　で難易度が増す。
　②投げ上げる側が、キャッチする場所を指定するなどの発展が
　　考えられる。
　③新聞紙でなく、ゼッケンなどで行うこともできる。

③　集団遊び

1　おしくらまんじゅう

〈用具〉　マット

〈方法〉
　①運動場の広い安全な場所に、丸い円をかく。
　②5人〜10人くらいが円の中に入る。
　③背中合わせに丸く集まって、腕を組む。
　④開始。円の中心に向かって、みんなで押し合う。
　⑤円から押し出されたり、転んだりした人は、次々と抜けていく。
　⑥最後まで残った人が、優勝。

〈留意点〉
　①もともとは勝ち負けを争うゲームではなかった。
　②寒い冬、元気いっぱいに力を出し合うことで、体がぽかぽかしてくる。冬場に、外で手軽にできる楽しい遊びが、おしくらまんじゅうであった。
　③よく歌われてきた「歌」も残っている。

♪おしくらまんじゅう　押されて泣くな
　あんまりおすと　あんこが出るぞ
　あんこが出たら、つまんでなめろ♪

2　集団馬跳び

〈用具〉　マット

〈方法〉

①2チームに分かれる（1チームに、3人から5人）。

②代表のじゃんけんで、負けたチームは馬になり、勝ったチームは馬に乗る。

③「馬のチーム」1人は、壁や木に背中をあてて、立つ。残りのメンバーは、前の人のまたの間に首を入れて、馬をつないでいく。

④「乗るチーム」は、順番に馬に跳び乗る。全員が乗れるように、前へつめていく。

⑤馬がつぶれたら、また馬をする。馬がつぶれなかったら、立っている馬と乗った先頭の人とじゃんけんをする。負けた方が馬になる（交代で、馬になる方法もある）。

〈留意点〉

①ルールを守り、だれも怪我をすることがないような配慮が必要。

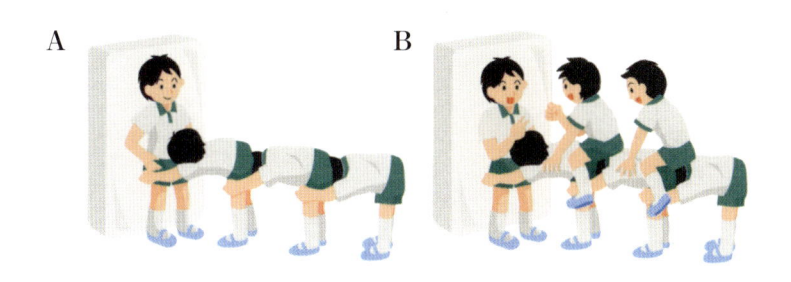

A　まず「馬チーム」が馬になる。
B「乗るチーム」が1人ずつ乗っていき、倒そうとしているところ。とてもハードである。

IV　親子で学ぼう！ マナーキッズ体幹遊び

　体幹を鍛えることの大切さは、スポーツ界では常識になっています。しかし、学校では十分に行われていません。教室では、自分の体を支えられず、姿勢が崩れている子供が見られます。

　そういう子供に、親子の体幹遊びを通して、心身の育成をしていくことはとても大事なことです。乳幼児や低学年の子供は、1人で体幹遊びをするよりも親子で行った方が効果的です。なぜなら、親子のふれ合いを通して、心身を鍛えることができるからです。身体を通して、親子の会話ができます。1人で行うよりも楽しくできるのです。

　子供の実態に応じて、選択していくようにします。体幹を鍛えるとともに親子の絆を深めてほしいです。

チェックポイント
1　子供の実態に合わせて、種目を選択する。
2　やさしい動きから、難しい動きをする。
3　親が最初に動きを見せてから、子供と一緒に行う。
4　回数を数えたり、ゲームをしたりして、楽しくできる。
5　「よくできたね」「上手になってきたね」と子供をほめる。

親子マナーキッズ体幹遊びの効果
　体幹の鍛えられた子供の姿勢は、とても美しいです。何気なく行っている運動も体幹を鍛えるという目的意識があると、子供の動きは変わっていきます。小さい時から体幹を鍛えられて育った子供は、正しい生活習慣を身につけ、学習も伸びていきます。

　なぜなら、体幹を鍛えることで体力を高めると同時に、集中力、根気強さ、粘り強さなどの力も身につくからです。親子マナーキッズ体幹遊びを通して、たくましい子供が育成していきます。

1　乳幼児の実践メソッド

山梨県甲斐市あおぞら保育園園長　村井つかさ

0歳からの平均的な発達は以下のとおりです。

※バランスよい成長は早すぎず遅すぎないことです。遊びを通して、バランスよい成長を助けてあげます。

誕生　⇒首座り　⇒寝返り　⇒　四つばい　⇒　お座り　⇒つかまり立ち　⇒　独り歩き

1　ラッコのゆりかご

① 　②

〈遊び方〉
　お腹の上でうつ伏せ
　左右に軽くゆらゆら揺らす。
〈ポイント〉
　必ず起きている時に行う。
　機嫌が良い時が最適。

〈遊び方〉
　お腹の上で仰向け
　左右に軽くゆらゆら揺らす。
〈ポイント〉
　お腹の上から落ちないようガードして、ゆっくり揺らす。

2　こちょこちょ・なでなで

① 　②

〈遊び方〉
　仰向けで体をくすぐる。
〈ポイント〉
　必ず起きている時に行う。

〈遊び方〉
　うつ伏せで背中をさする。
〈ポイント〉
　優しく触れ、嫌がったらやめる。

3　1・2・1・2手足の体操

①

②

〈遊び方〉
　仰向けで足の屈伸
〈ポイント〉
　必ず起きている時に行う。
　機嫌が良くて、身体の柔らかい
　お風呂上がり。

〈遊び方〉
　仰向けで両手をつけて合わせる。
〈ポイント〉
　手と手をすり合わせ、軽く打ち合わ
　せる。
　優しく触れ、嫌がったらやめる。

4　おいでおいで・ゆーらゆら

①

②

〈遊び方〉
　好きなおもちゃで誘う。
〈ポイント〉
　首が座ってから行う。
　機嫌が良く、腹ばい移動をしたら、
　好きなおもちゃで誘って距離を伸
　ばす。

〈遊び方〉
　2人でシーツに乗せてゆりかご
〈ポイント〉
　優しく左右に揺すり、激しく揺すら
　ない。
　はじめは1・2回くらいから。

5　スイングメリーゴーランド・ブーラン・ たかいたかいリフト・だるまさん

〈遊び方〉
前向き・横向きで
抱え、回ったり、
上下左右に揺する。

〈遊び方〉
わきの下から抱え
て下半身を左右、
前後にゆらゆら。

〈遊び方〉
座ったまま高く持
ち上げる。

〈ポイント〉【首が座ってから行う。はじめは1・2回くらいから】

回った時に転倒
に気をつける。

頭を揺さぶらない。

こわがったら低め
に持ち上げる。

〈遊び方〉
立って高く持ち上げる。
〈ポイント〉
親子の顔が離れすぎると高く感
じるので、顔の位置は一定に体
を持ち上げる。
体から手が離れないようにする。

〈遊び方〉
膝の中に入れ、左右片方ずつお尻
をゆらゆら、前後にゆらゆら。
〈ポイント〉
親のお腹に頭と体がついて、寄り
かかるような体制でする。

6　ハイハイトンネル・鬼ごっこ

① 　　②

〈遊び方〉
　大人のトンネルをハイハイ
　でくぐり抜ける。
〈ポイント〉
　四つばいが確立してから行う。
　歌いながらすると楽しい。

〈遊び方〉
　大人と子供たちで、ハイハイ
　で追いかけっこをする。
〈ポイント〉
　ハイハイのスピードを変えたり、
　前進後進を楽しむ。

7　ぎっちら・ぱかぱか・するりん

① 　② 　③

〈遊び方〉
　大人の足の上に向
　き合って座り、前
　後に体を倒す。

〈遊び方〉
　大人の足の上に向き
　合って座り、大人が
　膝を上げたり下げた
　りする。

〈遊び方〉
　大人が膝を立て、
　足の上に同じ向き
　に座り、足首まで
　すべらせる。

〈ポイント〉【独り座りができてから行う】

　両手を持ち、リズ
　ミカルに体を動か
　し、頭は振らない。

　リズミカルに膝を上
　げ下げし、首が極端
　にガクンとなる上げ
　下げはしない。

　子供のわきの下に
　手を入れ、最後ま
　で手を離さずにな
　めらかにすべらせ
　る。

8　よちよち・スーパーマン

〈遊び方〉
　つかまり立ちができるように
なったら行う。
　大人の足の甲に子供の足を乗
せ、両手をしっかり支えて歩く。
〈ポイント〉
　機嫌が良い時に行う。

〈遊び方〉
　大人が両手で支えて持ち上げ、子供
の体をスライドさせる。
〈ポイント〉
　こわがる時は、大人が座って行い、
少しずつ高くしていく。

9　お馬の親子・力持ちブランコ

〈遊び方〉
　独り歩きが確立したら行う。
　四つばいの大人の上に乗る。
　大人の足の甲に子供の足を乗
せ、両手をしっかり支えて歩く。
〈ポイント〉
　しっかり大人につかまれるよう
になってから行う。

〈遊び方〉
　大人の腕に子供がつかまり、持ち上
げる。
〈ポイント〉
　いきなり高く持ち上げず、少しずつ
高くしていく。

10　タオルで Go!・まねっこまねっこ

①

②

〈遊び方〉
　いろいろな運動がバランス良く
できるようになったら行う。
　ぞうきんやマットに子供が乗り、
大人とそれぞれタオルを持ち、
大人が引く。

〈ポイント〉
　お互いにしっかりとタオルを握
り、転倒しないように気をつけ
る。

〈遊び方〉
　大人のまねを子供がする、ま
たは反対に行う。

〈ポイント〉
　いろいろな動きを考えて動物
を想定し、まねっこ遊びをす
る。

2　3歳〜12歳の実践メソッド　　　　　　根本正雄

（1）　用具を使わない体幹遊び

1　動物歩き

〈方法〉

　　①親子でいろいろな動物になりきって歩く。

　　②親子で横に並んだり、縦に並んだりして歩く。

〈留意点〉

　　①親は、子どもの動きに合わせて動くようにする。

　　②手指を開かせ、腕でしっかり支えさせる。

　　③あわてると顔を床にぶつけることがあるため、ゆっくりと運

　　　動させる。

〈効果〉

　　両腕に体重をかけて動くと、腕の支持力、逆さ感覚が身につく。

2　片足バランス

〈方法〉

①片足を上げる。

②両手を開き、バランスをとる。

③親子で向かい合って行う。

④どちらが長くできるか、競争する。

〈留意点〉

①バランスがくずれたら手をほどいて両足を着けることを教え、決して無理はさせない。

②目をつぶることで、さらに難易度が増す。

③手で足首を持ったり、前のめりで飛行機のポーズになったりすることもできる。

〈効果〉

目を閉じ、ももを高く上げると、平衡感覚（バランス感覚）がより身につく。

3 手押し車

〈方法〉

①親子でじゃんけんをして、負けた方が車になり、勝った方は支える役になる。

②車になっている方は床に両手を着き、腕立ての姿勢になる。

③支える方は、膝を持つ。一歩ずつゆっくり歩く。

〈留意点〉

①支える役は、車役のペースに合わせる。くずれないように、ゆっくりと行う。

②子供が親の足を持ち上げられない時には、片足だけを持つようにする。

③親は、子供のレベルに合わせて、もも→膝→足首など、持つところを決める。

〈効果〉

もも→膝→足首と持つ位置を変えると、腕に負荷がかかり、腕の支持力、背筋、腹筋の力がつく。

4 馬跳び

〈方法〉

①親子でじゃんけんをする。

②負けた方が馬になり、勝った方が跳ぶ。

〈留意点〉

①馬役は足を少し開き、足首を持ち、頭をグッと入れる。馬役は動かないようにする。

②跳ぶ子供は、自分のレベルに合わせて、馬の高さを指定する。

③5回やったら交代など、回数を決めておく。

〈効果〉

遠くに着地すると腕の突き放しができ、跳び箱の開脚跳びができるようになる。

5 お尻歩き

〈方法〉

①手を使わずに、長座をした状態で動く。

②片方のお尻を上げて、できるだけ素早く動く。

③親子で並んで、仲良く動く。

〈留意点〉

①子供の発達段階にもよるが、あまり距離を取らない。

②親子で競争をして楽しむ。

〈効果〉

お尻を上げて素早く動くことで、股関節の働きがよくなり、速く走れるようになる。

6　逆立ち遊び

〈方法〉

　①親子でじゃんけんをする。

　②負けた方が、よじ登り壁倒立をする。

　③勝った方は、壁と倒立している手の間をくぐる。

〈留意点〉

　①なれてきたら、壁倒立のまま、じゃんけんをする。

　②片方に偏らないように、最後は、やっていない人がする。

　③手の間を回る回数を増やしていく。

〈効果〉

　長く逆立ちをすると、腕の支持力、逆さ感覚、平衡感覚が身につき、体の軸ができる。

7　腕立てじゃんけん

〈方法〉

   ①親子で、腕立て姿勢になる。

   ②腕立て姿勢で、じゃんけんをする。

   ③負けた方は、腕立て伏せを1回する。

〈留意点〉

   ①できないうちは、膝をついて、アザラシのような形でしても
よい。

   ②途中で手をかえて、じゃんけんをするようにする。

〈効果〉

   片手でじゃんけんするので、腕の支持力、背筋、腹筋の力が身
につく。

8　ケンケン相撲

〈方法〉

　①親子で片足で立ち、胸の前で腕を組む。

　②ケンケンのまま相手と肩や腰などで押し合って相撲をとる。

　③ラインから出たり、浮かしている方の足が着いたりしたら負け。

〈留意点〉

　①遠い距離から勢いをつけすぎて激しくぶつからないようにする。

　②利き足だけでなく、両方の足で行う。

　③親は力の加減をして、子供の動きに合わせる。

〈効果〉

　ケンケンでするので、跳躍力、持久力、平衡感覚が身につく。

9 足の踏みあい合戦

〈方法〉

①親子で向かい合う。

②お互いの手を握り合う。

③お互いに相手の足を踏む。相手は、踏まれないように逃げる。

④踏んだ回数を数えて、勝敗を決める。

〈留意点〉

①短時間で終了し、数を数える。

②踏まれても痛くないように、軽く踏む。

〈効果〉

足を踏み、自分は踏まれないようにするので、敏捷性が身につく。

10　息を合わせてリズム跳び（足の開閉跳び）

〈方法〉

①親子で、1人は足を伸ばして座る。もう1人は、その足をまたいで立つ。

②呼吸を合わせて、立っている人がジャンプをして足を閉じると同時に、座っている人は足を開く。

③リズムよく10回続けられたら交代する。

〈留意点〉

①なれてきたら、座っている人は踵を床に着けずに少し浮かせるようにする。

②親は、子どもの動きに合わせて開閉するようにする。

〈効果〉

相手の動きに合わせて動くことで、リズム感覚、跳躍力、敏捷性が身につく。

11　腹相撲

〈方法〉

　①直径2メートル程度の土俵をロープやひもで作る。

　②親子で、手を使わないで相撲をする。

　③相手をラインの外に出したり、バランスをくずして相手を倒
　　したりしたら勝ち。

〈留意点〉

　①発展として、片足ケンケンで行う。

　②親は、子供の動きに合わせるようにする。

〈効果〉

　手を使わないので、平衡感覚、持久力、腹筋が身につく。

（2）　用具を使う体幹遊び

1　尻相撲

〈用具〉　新聞紙　マット

〈方法〉
　①新聞紙またはマット上で行う。新聞紙は、最初は1枚、2分の1、4分の1と大きさを変えて行う。
　②親子で手を使わないで、尻で相撲をする。
　③相手をラインの外に出したり、バランスをくずして相手を倒したりしたら勝ち。

〈留意点〉
　①尻と尻を合わせて相撲を行う。
　②発展として、片足ケンケンで行う。

〈効果〉
　新聞紙の大きさが変わっても尻相撲ができることで、平衡感覚、持久力、敏捷性が高まり、股関節も良くなる。

2　ロープ引き

〈用具〉　ロープ（短縄）

〈方法〉
　①親子でロープの端と端を持つ。
　②スタートの合図で引き合う。
　③ゴールラインまで引っ張れた方の勝ち。

〈留意点〉
　①手を急に離さないように指導する。

〈効果〉
　ロープを引いたり離したりする中で、タイミング、平衡感覚、
腕の筋力が身につく。

3　変身遊び

〈用具〉　新聞紙

〈方法〉

① 新聞紙の動きを真似しよう。
②⑴親が新聞紙を持ち、子供は新聞紙になったつもりで動く。
　⑵動き方のバリエーションを教えたら、親子で順番に真似
　　させる。

〈留意点〉

①上手に動けたら子供をほめ、動きを広げる。

〈効果〉

新聞紙の動きに合わせて動くことで、楽しく変身しながら、い
ろいろな動きができるようになる。

4　タオル七変化遊び

〈用具〉　タオル（フェイスタオルやスポーツタオルサイズのもの）

〈方法〉

①親子で向かい合い、タオルを上に投げる。その間に、何回拍手できるか数える。1人が終わったら交代で行う。

②タオルの両端を持ち、縄跳びのように、足の下、頭の上を通す。1人が3回終わったら交代で行う。

③タオルを片手で持ち、足の下で回して、ジャンプをする（足きり跳びをする）。1人が5回終わったら交代で行う。

〈留意点〉

①タオルを上に投げる運動では、膝の屈伸を使うと、数が増えることに留意する。

②縄跳びのように行う運動では、転ばないように、ゆっくり回させることに留意する。

③足きり跳びの運動では、膝を曲げると跳びやすくなることに留意する。

〈効果〉

タオルを使うことで、敏捷力、持久力、跳躍力が身につく。

V はじめての礼儀作法—おウチで「マナー教室」

小笠原流礼法総師範　鈴木万亀子

　親子で「体幹遊び」を学んだあとは、おウチで「マナー教室」入門。意外と知らない！はじめての礼儀作法「家庭内のしつけ7か条」は、お母さん必読です。

マナー3か条
　①約束を守ること。
　②人のいやがることをしない。
　③ 話をしている人に体を向けて聞く。

美しい姿勢
　①足をそろえて立つ。
　②背筋を伸ばし、腰をしっかり立てる。
　③おへそのあたりに力をいれて胸を開く。
　④あごを引いてまっすぐ立つ。
　⑤手の親指や小指をくっつけて自然とからだの横へ。

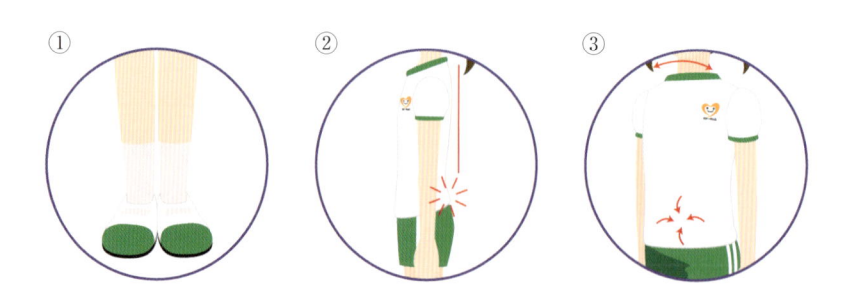

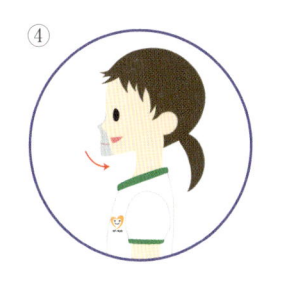 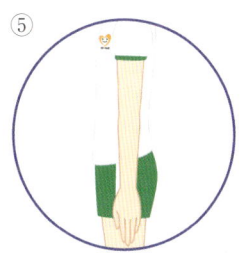

美しいお辞儀

①挨拶は自分から。

②上半身をまっすぐにして腰を折る。

③手がももの前でハの字になるくらいまでからだをたおす。

④「よろしくおねがいします」「ありがとうございます」と言ってか
　らからだをたおす。

⑤ 体を起こしたら笑顔で相手の目を見る。

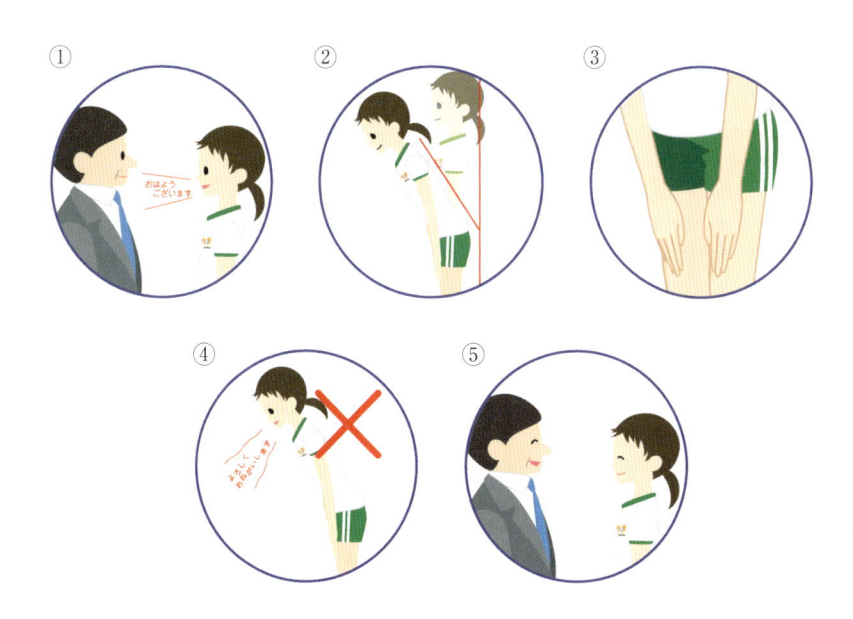

美しい挨拶

①おじぎは頭を下げるのではありません。「心を下げる」のです。

②挨拶をする時には、「元気な明るい声」でしましょう。自分も元気になるし、相手の方にも元気を与えることができます。

③怖い顔をしていては、正しい判断ができない人になってしまいます。お顔は「やさしい笑顔」で。

④身体を起こした際に、やさしい笑顔で相手の目を見ることを、心を残すと書いて「残心（ざんしん）」と言います。

⑤挨拶は心と心を結ぶリボンです。

家庭内のしつけ７か条

①幼稚園までは親から「おはよう」、小学生からは、子供から「お父さん、お母さん、おはようございます」

　「お父さん、お母さん」という対象語をつけ、「ございます」まで言わせるのは、誰に挨拶しているかということと、親が目上であるということを自覚させ、秩序を教えるためです。お母さんは、子供の名前をつけて挨拶を返してください。まずは、身近にいる親との挨拶で、敬語を使えるようにしましょう。そうすることで、他人にもちゃんと挨拶ができるようになるのです。

　また、お母さんが挨拶を返す時は、どんなに忙しくても、必ず子供の目を見てあげてください。そっぽを向きながら挨拶を返すと、子供はそれを真似して相手を見ずに挨拶をするようになります。

②子供にＴＰＯの大切さを教える

　「食卓では、子供の髪をさわらないこと」が大切です。今、電車の中で、食事をしたり、化粧をしたりする風景が当たり前のようになっておりますが、公的な空間と私的な空間の区別をしっかり身につけさせましょう。

③ 子供の言葉を取り上げない

　お母さんは子供が何か言いたいか分かるので、ついつい、その先を口に出して言ってしまいがちです。しかしそれだと、子供は、ちょっと話しただけでお母さんが汲み取ってくれることが当たり前になり、自分で最後まで順序立てて話すことができなくなります。言語の回路を切断していると、子供が大きくなっても、話し言葉が単語の羅列に近くなり、文章を書かせても短い文章しか書けなくなります。

　子供が話し始めたら、子供の目を見て上手に相づちを打ち、聞き役に徹しましょう。

　すると、子供は自分の頭で考えながら最後の結論まで話すようになります。また、他人の話も最後まで聞く、聞き上手になるでしょう。

④ 美しい言葉遣い、父親を子供の前でけなさない

　子供にとって母親は愛情、父親は尊敬の対象になるわけですから、夫の悪口は言わないで、"遅いわね、何をしているのかしら"と言うなら"お父さん大変ね。こんなに遅くまで。私ならこんなに遅くまで働けないわ"と言葉を添えてください。

　母の唇からは、美しい言葉以外発しない、と決心なさってください。そうすれば子供は父親を尊敬するようになります。

⑤ 子供を王様にしない

　普段の食事の献立は、お母さんが考えてください。今、子供にどの栄養が不足しているのか、何を食べるようにするかは、お母さんの献立にかかっています。

　子供に食べたいものを聞くのはやめましょう。子供の好みを聞くのは、何かのご褒美や、誕生日の時。子供の服を選ぶ時も同じです。お母さんのセンスの良さを伝えるいい機会です。

　何でも子供の意見を聞いていると、子供は自然と「王様」になり、自分の思い通りにならないと、かんしゃくを起こすようになります。

　それがそのまま大人になり、自分の思いが通らないとストレスをためるようになるのです。そのストレスが爆発すると、恐ろしいことになりかねません。

⑥ 見送りが大切

　朝は忙しいお母さん。学校へ行く子供に朝食を食べさせ、「行ってらっしゃい」というのが精一杯かもしれません。でも、できれば玄関から出て、子供の後ろ姿を見送ってほしいのです。昔の家庭では、子供の姿が見えなくなるまで見送ったものですが、忙しい現代では、難しいでしょう。でもせめて、子供が5、6歩、歩くまでは見送ってあげてください。

　お母さんに見送られた子供は、"母の愛"を感じながら学校に行きます。子供は、お母さんに見守られているという安心感が自己肯定につながり、さらに、自信につながるのです。

⑦ 叱る際は、親は上座、子供は下座

　大声をあげて叱っても、それは単なる威嚇。その時は言うことを聞くでしょう。でも、本当に悪いことを理解させるには、「なぜそれがいけないか」を考えさせなければならないのです。

　「もし、あなたがその人だったら、こんなことをされたらどんな気持ちになるか？」と、相手の身になって物事を考えさせるのです。そして子供の言い分をよく聞いてから、「他の方法はないの？」と考えさせます。その時、くれぐれもお母さんからの提案をしないで、自分で考えさせましょう。

　お母さんが根気よく接すれば、子供は必ず学んでくれるでしょう。なお、子供を説得する時の場所は、和室ならお母さんは床の間の前に正座する。洋間なら入り口に近い方に子供、奥にお母さん。これは上座、下座の関係です。静かにゆっくり説得してください。大声を上げるのは、危険な時や命にかかわる時です。

Ⅵ「マナーキッズ」調べ活用帳

千葉敬愛短期大学学長　明石要一

　マナーとルールは「人間力」の第一歩です。

　子供が一人前になるには「ルール、マナー、モラル」の学習が欠かせません。その中でも難しいのが「マナー」です。家庭、地域、国によってマナーは異なります。一斉指導ができにくいのです。マナーは生まれた地域や国で生きていくために身につけねばなりません。

　しかし、そのマナー教育が廃れています。そこで私たちは、身につけて欲しいマナーを5領域に分け、到達して欲しい目安を設定しました。それらは，例えば、「言葉編」「挨拶編」「姿勢編」「生活編」・・・。項目は50項目（幼稚園・保育園は25項目）あります。

　本来は、幼稚園や保育園、それから小学校で行われるマナー教育でこれらの項目で効果を測定するのですが、ご家庭でも親子で活用できるのです。ご家庭で、是非試してみてください。

「マナーキッズ活用帳」
①年齢により「幼稚園・保育園」「小学校1～4年」「小学校5～6年」
　の三つに分かれます。
②「はい」「どちらともつかない」「いいえ」の3段階で自己評価してみ
　ましょう。
③ 回答欄の項目ごとに「○印」を塗りつぶしていきましょう。
④「はい」＝2点、「どちらともつかない」＝1点、「いいえ」＝0点です。
⑤ 各編の点数と全50項目の合計を計算してみよう。
　＊ただし、「幼稚園・保育園」は、各編5項目の合計25項目。点数は
　　「はい」＝4点、「どちらともつかない」＝2点、「いいえ」＝0点です。

解説

・「マナーキッズ調べ」使い方プラス解説・・・質問は、「言葉編」「お辞儀・挨拶編」「歩き方・姿勢編」「生活編」「社会規範編」の5編構成で、各10項目合計で50項目です。幼稚園・保育園は5項目合計25項目です。（園児たちが小学校1〜4年生に挑戦されても構いません。）最後の「保護者の躾」「児童の生活」まで質問に答えてください。

・合計点数の目安・・・「70点〜79点を初級」、「80点〜89点を中級」、「90点以上を上級」としてください。

・質問表組の略称・・・幼稚園・保育園グループ＝「幼保」、小学校1〜4年グループ＝「低学」、小学校5〜6年グループ＝「高学」としました。

言葉編（ことばへん）

※〈高学〉=小学校5～6年／〈低学〉=小学校1～4年／〈幼保〉=幼稚園・保育園
※幼稚園・保育園は、はい（4点）・どちらともつかない（2点）・いいえ（0点）

① 朝は「おはようございます」と言っています。　おはようございます

② ねる時は「おやすみなさい」と言っています。　おやすみなさい

③ 別れる時は「さようなら」と言っています。　さようなら

④ 食事の時は「いただきます」と言っています。　いただきます

⑤ 食事の終わりには「ごちそうさま」と言っています。　ごちそうさま

⑥ よばれたら「はい」と答えています。　はいっ！

⑦ 〈高学〉「○○です」「○○は、」マナーを使ってたていねいな言葉づかいをしています。たいせつです。〈低学〉言葉はゆっくりと、終わりまではっきりと「○○です」と言っています。

⑧ おせわになったら「ありがとうございます」と言っています。

⑨ あやまる時は「ごめんなさい」と言っています。　ごめんなさい

⑩ こまっている人に「どうしたの？」と聞いています。　どうしたの？

回答欄

必ずひとつだけ塗りましょう

幼稚園・保育園〈幼保〉	小学校1～4年〈低学〉	小学校5～6年〈高学〉	はい（2点）	どちらともつかない（1点）	いいえ（0点）
①	①	①	○	○	○
	②	②	○	○	○
③	③	③	○	○	○
④	④	④	○	○	○
	⑤	⑤	○	○	○
⑥	⑥	⑥	○	○	○
	⑦	⑦	○	○	○
⑧	⑧	⑧	○	○	○
	⑨	⑨	○	○	○
⑩	⑩	○	○	○	○
言葉編 合計					点

お辞儀・挨拶編

※〈高学〉＝小学校5〜6年／〈低学〉＝小学校1〜4年／〈幼保〉＝幼稚園・保育園
※幼稚園・保育園は、はい（4点）・どちらともつかない（2点）・いいえ（0点）

① おはようございます
あいさつは自分からしています。

② よろしくおねがいします
あいさつは笑顔でしています。

③ 相手の目を見てあいさつをしています。

④ 言葉を先に言ってから、腰を折ってあいさつしています。

⑤ おじぎをした後、相手の目を見ています。

⑥ 部屋へ入る時はノックをしています。

⑦ いすにすわる時は足のうらをゆか（フロア）に着けています。

⑧ いすのせにもたれてすわっていません。

⑨ 足を広げてすわっていません（両足のひざをそろえています）。

⑩ 手は指をそろえて八の字にひざの上に置いています。

回答欄
必ずひとつだけ塗りましょう

幼稚園・保育園〈幼保〉	小学校1〜4年〈低学〉	小学校5〜6年〈高学〉	はい〈2点〉	どちらともつかない〈1点〉	いいえ〈0点〉
①	①		○	○	○
②	②	②	○	○	○
③	③	③	○	○	○
④	④	④	○	○	○
	⑤	⑤	○	○	○
	⑥	⑥	○	○	○
⑦	⑦	⑦	○	○	○
⑧	⑧	⑧	○	○	○
	⑨	⑨	○	○	○
	⑩	⑩	○	○	○

お辞儀・挨拶編 合計　　　点

歩き方・姿勢編

※〈高学〉=小学校5～6年／〈低学〉=小学校1～4年／〈幼保〉=幼稚園・保育園
※幼稚園・保育園は、はい（4点）・どちらともつかない（2点）・いいえ（0点）

① 歩く時は、ペタンペタンと音をたてて歩いていません。

② くつのかかとをつぶしてはいていません。

③ うつむいて（下を向いて）歩いていません。

④ 歩く時はかかとから先に下ろして歩いています。

⑤ 〈高学〉進んでみんなのくつやトイレのはきものをそろえています。〈低学〉くつのかかとをそろえてくつ箱に入れています。〈幼保〉ぬいだくつはそろえてならべています。

⑥ 気をつけの時はおへその下に力を入れています。

⑦ 気をつけの時はむねを開き、相手の顔を見ています。

⑧ 気をつけの時は指をそろえて、わきにそわせています。

⑨ 休めの時は両足の間をかたはばに広げています。

⑩ 体育すわりの時は、ひざをかかえ、背筋を伸ばしてすわります。

回答欄
必ずひとつだけ塗りましょう

幼稚園・保育園〈幼保〉	小学校1～4年〈低学〉	小学校5～6年〈高学〉	はい（2点）	どちらともつかない（1点）	いいえ（0点）
①	①	①	○	○	○
	②	②	○	○	○
	③	③	○	○	○
	④	④	○	○	○
⑤	⑤	⑤	○	○	○
⑥	⑥	⑥	○	○	○
	⑦	⑦	○	○	○
	⑧	⑧	○	○	○
⑨	⑨	⑨	○	○	○
⑩	⑩	⑩	○	○	○
歩き方・姿勢編 合計					点

生活編

回答欄
必ずひとつだけ塗りましょう

	幼稚園・保育園〈幼保〉	小学校1〜4年〈低学〉	小学校5〜6年〈高学〉	はい（2点）	どちらともつかない（1点）	いいえ（0点）
❶	❶	❶	❶	○	○	○
❷	❷	❷	❷	○	○	○
❸	❸	❸	❸	○	○	○
❹		❹	❹	○	○	○
❺		❺	❺	○	○	○
❻	❻	❻	❻	○	○	○
❼	❼	❼	❼	○	○	○
❽		❽	❽	○	○	○
❾		❾	❾	○	○	○
❿		❿	❿	○	○	○
生活編 合計						点

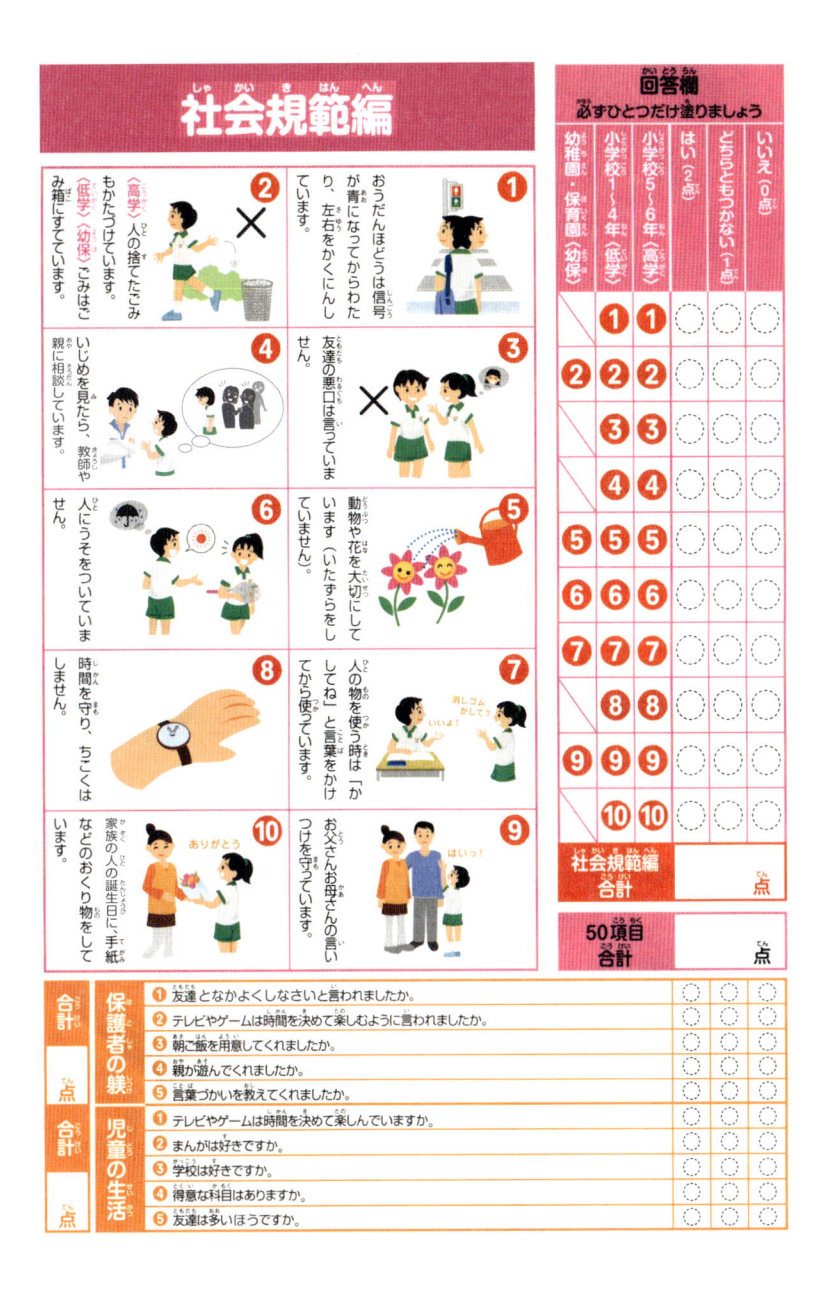

Ⅶ 健康の鍵は5歳位までに決まる腸内細菌

一般財団法人食と健康財団理事長　道見重信

若い男子の精子の減少、不妊女性の増大　このままでは日本民族を滅ぼす！　日本の食文化の原点に立ち戻ろう！

　私たちが住む社会、そして世界は激変しています。それは一つにＩＴの急速なる進展、二つには少子高齢化であります。どちらも社会構造が変化し、私たちの生き方が根本的に変化を余儀なくされてしまいます。それはお互いの補完関係でもあります。ＩＴの進展は一瞬のうちに世界から情報が入り、グローバル化の決定打となり、少子化を補う決定打でもあり、高齢者支援の決定打でもあり、社会全体の生き方、仕組みを変えてしまいます。

　少子高齢化の進展は日本国土の過疎化を加速し、その様々な地域の文化が衰退し、やがては失われていきます。

　高齢化は健康とともに進展が期待できれば、人生の生き方としては大変喜ばしいことでありますが、残念ながら今日の医療福祉の現状をみれば、平均寿命はたしかに伸びていますが、ベッドの上での生かされた人生では意味がありません。一方において、子供も含め大人社会はＩＴ化によって時代が急速に進展していますが、人の健康は果たして如何でしょうか。

健全な腸が健康長寿の源　腸には生命誕生のプロセスが
（「食と文化フォーラム」から）

　一般財団法人食と健康財団は、食の安全、健康づくりを目的として設立され、社会の健康と食の安全、安心づくりのため努力しており、全国各地で「食と文化フォーラム」を開催しております。

　テーマは、「未来へ伝えたい日本の食文化と健康づくり～食品の世界

化と化学化の流れを断つ時〜」「時代進化の中で食品の安全と医療は本当に国民に役立っているのか〜なぜ病気と病人は増え続けるのか〜」です。各分野の権威者から、現代は何故不妊女性が多いのか、若い男性の精子が何故世界で一番低いのか、何故形態異常（奇形児）が多く生まれるのか、子供のアレルギーは何故起こるのかなどについて、日本の伝統的な食の文化を放棄してきたのが原因ではないかと述べられております。そのいくつかを以下ご紹介します。

発酵学者・文筆家・東京農業大学名誉教授・農学博士　小泉武夫氏
日本の伝統食から学ぶ！　知恵と工夫の食事学を通じて心と体を養う

・2013年に和食が世界遺産になりました。今から70年ぐらい前まで、日本人が食べていたのは次の7つです。

まず根茎。土の中のゴボウ、レンコン、芋など。2番目は菜っ葉。白菜とか、小松菜、ほうれん草。次に山菜とキノコ。そして豆、大豆。みそ汁、納豆、豆腐など。それから海藻。最後に穀物です。

日本人は、地球上の民族の中で最もベジタリアン、菜食主義者だったんです。そこに急激に肉が入ってきました。今の日本人は遺伝子に逆らってるんです。民族の遺伝子というのは、その民族の生きてきた生活環境に即応して生きられるようにDNAが組み込まれてるんです。日本人の遺伝子は全部植物、質素、繊維の多い食べものです。遺伝子は100年、150年では変わりません。そこに急激に肉が入ってきたから遺伝子が適応できない。それだけの話です。

・今、精子の数が、日本の若者が世界で一番低いそうです。平均8700万匹。昔の日本人の平均は1億1000万匹。こんなに違うんです。これもやっぱり和食を食べなくなった一つの例だと思います。

それから、小中学生の暴力事件が年間6万件。これも和食を食べないからです。和食はミネラルが多いのです。人間の感情を激高させるのはアドレナリンです。ミネラルが減るとアドレナリンを抑えられないから、暴力行為にいくんですよ。

富山医科薬科大学（現富山大学）名誉教授・医学博士　田澤賢次氏
健全な腸が健康長寿の源　腸には生命誕生のプロセスが！　免疫を決めるのは腸！　免疫を活性化させる食べ物とは？

・健全な腸の維持に求められる食生活の基本知識を挙げてみます。

　一番目は健康な腸内環境と善玉菌と食物繊維の関係です。ＡＰ（りんごのアップルペクチン）のような食物繊維には腸に大切な九つの健康作用があります。①悪玉菌の発育をストップさせる、②がん細胞の発生をストップさせる、③腸内環境を改善する、④腸管内腐敗産物を減少させる、⑤肝臓の機能を高めがんの転移を予防する、⑥腸管の粘膜保護と敗血症の予防、⑦便秘の改善と便通時間の短縮、⑧活性酸素の消去、⑨有害金属の体外排出と障害予防の作用です。

　さらに、食物繊維を餌とする乳酸菌などの善玉菌は腸管粘膜の上皮を覆って保護する役割もしています。健全な腸が健康長寿の源です。そしてその維持に必要不可欠なのが善玉菌なのです。善玉菌を増やすためには毎日の食生活が大切です。同じ家系には同じ善玉菌が生息しています。家族の一人が食あたりすると、皆同じ症状が出るのも同じ菌で育っているからです。家族の善玉菌を大事にして欲しいですね。

　　　　　公益社団法人生命科学振興会理事長・医学博士　渡邊 昌氏
がん予防と食事のこれから

・腸内細菌と大腸がんは関係があると考えられています。腸内細菌は繊維を多く摂っている人には善玉菌が住み着きやすい。ビフィズス菌がその代表です。

　光岡知足先生というヤクルトの研究をやってきた人が、善玉菌２割、悪玉菌１割、日和見菌７割が良いという説を出しています。一般的に種類が多く豊富な菌を持っているほどいいようです。

　老人になってくるとだんだん種類が減ってくる。そういうところもよくないということになっています。

元長野県旧真田町教育長・元長野県上田市教育委員長・
現教育・食育アドバイザー　大塚 貢氏
**人をダメにする現代の食事　授業の改革・給食の改善・環境教育の
3本柱の取り組みで子どもは甦る〜真田町の奇跡〜いじめ・非行ゼロ、
生活習慣病予備軍ゼロと学力の飛躍的な向上**

・大阪の産婦人科病院で健康な男子の精子を調べたら60人中58人の精子
　が奇形変形でした。一番精子が活発な時期の男子がコンビニ弁当、ハン
　バーガー、カップラーメンなどばかり食べている。その脂類が溜まっ
　てくる。ダイオキシンが溶けた脂肪が精巣にたまって影響を及ぼして
　いる。卵子も奇形が増えてるそうです。だからどこの県でも今、障害
　児がどんどん増えています。
・農薬とか合成保存料も危険性が高いです。防腐剤、防かび剤、防虫剤、
　あるいは農薬が入ったものを食べれば、脳がおかしくなります。私は
　凶悪事件が起こった地域へ何回か行って調べているんですが、ほとん
　どこういうものを食べていた。だから前頭葉、前頭側葉が機能しなく
　なってきているんです。

大宮レディスクリニック院長・日本産婦人科科学会専門医・医学博士
出居 貞義氏
**現代はなぜ不妊女性が多いのか　現代女性は終戦直後と変わらない低
栄養状態　副腎疲労もあり、日本の将来が心配**

・不妊の人だけと思っていたのですが、実際に厚生労働省の国民健康栄
　養調査を調べてみると日本国民全員がひどい栄養状態だというデータ
　が浮かび上がってきました。
　　国民のカロリー摂取量は終戦直後、1900カロリー程度摂っていた
　んです。それが今はダイエットブームで、女性は1700を切るくらい。
　男性は1800から2000いくかどうかです。
・私はほとんどの病気は腸が原因だと思っています。腸を元気にするた

めには、できるだけ砂糖とか小麦、牛乳は控えるようにしていただいて、玄米、豆乳や十割そばとか、食物繊維の多いもの、肉・魚・野菜をバランスよく摂ってもらうのが必要です。

日本歯科大学客員教授　中野智子氏

今の赤ちゃんは何か変では！　〜噛む、よだれ、アレルギー　そこに潜むものは〜

・食環境は3歳ぐらいの時に決まってしまうものです。3歳までの食事の習慣づけによって将来の健康がだいたい予測されます。腸内細菌の数や、太ったり痩せたりする脂肪細胞の数のほか、味覚や味付けの濃さ、嗜好も小さい時に決まります。よく甘味、塩味、旨味って言いますね。この中で甘味が一番最初に持つものです。母乳です。微妙に甘い。次に塩味、旨味。これは離乳食の味です。だから家庭によって差があるわけです。この幼い時の差が、将来の減塩や、血圧、糖尿などいろんな形で関係してくるのです。

「食事道」を提唱します。

このように、子供をとりまく食の環境は誠に憂慮すべき状況にあります。

そこで、「食事道」を提唱します。世界から賞賛されている「日本型食生活」の基本といえるのが、先人の叡智として受け継がれてきた「食の三原則」という考え方です。

1　人間本来の適応食のすすめ

日本人に適した、米を中心とする穀物や野菜中心の日本の伝統食に心がけましょう

動物は歯や胃腸の構造からも、その適応食が異なります。コアラはユーカリ、パンダは笹の葉が適応食。これらは人間が食べても栄養になりま

せんが、コアラやパンダは健康を保つことができます。トキの適応食は
ドジョウ。田んぼに農薬が使われ、ドジョウがいなくなった結果、日本
中からトキが絶滅しました。

　では人間の適応食は？ 歯の形から考えてみましょう。

　図のように、穀物を食べるのに適した臼歯、野菜・海藻を食べるのに
適した門歯、動物性食品を食べるのに適した犬歯の割合に応じたバラン
スの食事が、人間本来の適応食です。犬歯は4本……魚または肉を食す
る。門歯は8本……野菜・海藻類を食する。臼歯は20本…穀物を食する。
果たして現在、日本の食は生きるルールになっているのでしょうか。子
供たち、大人も含め4：8：20の歯の構成とは真逆とも言える現状では
ないでしょうか。

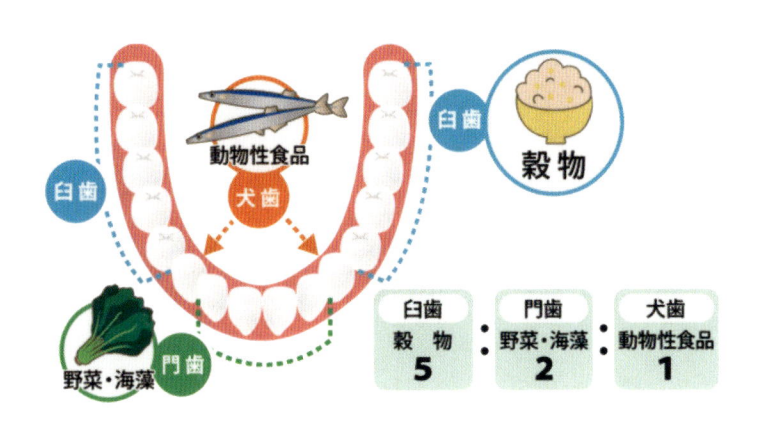

　人間の腸は肉食動物よりもヒダが多く、絨毛も発達しており、植物性
の食品をゆっくり消化吸収するのに適した構造になっています。特に日
本人は、穀物に多いデンプン質を分解する酵素が多く分泌され、脂質を
分解する酵素が少ないと言われています。これらを踏まえ、日本人の適
応食をより具体的に示したのが、日本型ピラミッドです。このバランス
を日々意識したいものです。

2　身土不二のすすめ

　身土不二とは、自分の身体と土は一体であり、自分の住んでいる国、土地でとれたものを食べよう、という考えです。

　最近の研究で、日本人の約90%には海藻を消化する遺伝子を持つ腸内細菌がいるのに対し、外国人には非常に少ないことが分かりました。これは日本人が長年、海藻を食べ続けてきたためと思われます。人間はその環境に合うよう、長い年月をかけて身体を変化させてきました。私たち日本人は、先祖代々食べ続けてきた、穀物・野菜を中心とした日本食が体に合っていると考えられます。旬も重要です。ビタミンCは旬の野菜に多く含まれています。食がグローバルになった今だからこそ、身土不二を見直したいものです。

3　一物全体食のすすめ

　一物全体食とは、食べ物はまるごと食べることが理想的、という考え方です。野菜はできるだけ皮をむかない。魚は切り身よりもまるごとの小魚を食べる。米は白米よりも、精白しない玄米。にんじんに含まれるβカロテンは、実は皮の部分に多く含まれています。丸ごと食べる小魚

は、骨まで食べられ、カルシウムなどのミネラルを多く摂ることができます。玄米と白米を比較してみます。便秘を防ぐ食物繊維は、玄米は白米の約5倍。糖の分解や脳・神経の働きを助け、疲労回復に役立つビタミン B_1 は約8倍。肌を正常に保つビタミン B_6 は約11倍。玄米は、現代人が不足しがちな栄養素を効率よく摂ることができる、まさにスーパーフードです。

　健康の三原則、食生活の三原則の基本を申し上げましたが、どんな時代変化が進もうともこの原理原則は不変であります。

　日本では古来、華道、茶道、書道、香道などのように、様々な文化を「道」として高めてきました。生き方としての武士道や、柔道、剣道などのスポーツも同様です。（株）玄米酵素の創業者・岩崎輝明は、平成17（2005）年、日本に古くから伝わる「食の三原則」を基本とする食の考え方を「食事道」と名付け、その普及と実践に努めてきました。食・美食の時代となり、健康に不安を抱える人が増え、今や日本の医療費は40兆円を超えました。国民一人あたりの生涯医療費は、2,600万円ともいわれ、このままでは医療費で国が滅びかねません。「食事道」から外れた食べ方は、日本の伝統食文化を喪失し、ひいては心身の健康に異常を招き、日本の道・日本の国・日本民族を滅ぼすことになります。そんな今だからこそ、日本の食文化の原点に立ち戻る必要があるのではないでしょうか。そこで柱となるのが、日本人の食の基本ともいえる「食の三原則」です。先人の叡智として受け継がれてきた「適応食」「身土不二」「一物全体食」の三原則をもう一度見直してみませんか？

単なる簡単、便利、安くて、旨い、綺麗を追いかけるだけではなく、人間、生きるものが安全か、安心かを重視した生活環境に戻ろう

　日本綜合医学会副会長　山口康三氏は、平成26年5月1日号の「月刊綜合医学」で、次のように述べられております。

　「10年程前、福岡県の養豚農家で死産が続いたことがありました。やっと産まれてきた子豚も奇形であったり、虚弱ですぐに死んだりしたのです。羊水はコーヒー色に濁っていました。農場主は、実は豚の妊娠期間である114日前から、コンビニの廃棄弁当を与えていました。弁当は消費期限の2時間前に廃棄しますから、腐っているわけではなく、農場主が食べても問題のない品質だったそうです。人間で言えば三食すべてをコンビニ食にしたのと同じことです。農場主は合わせて250頭の子豚を亡くし、慌てて元の穀物に替えたところ、お産は元に戻ったというのです。」

　ここで私たちは国も、企業も一度立ち止まって、本当に人間、生きる者にとっていかにあるべきことなのかを考える必要があると思います。それには企業は経済優先利益優先だけではなく、安心安全を優先し、消費者は単なる簡単、便利、安くて、旨い、綺麗を追いかけるだけではなく、人間、生きるものが安全か、安心かを重視した生活環境に戻して行くべきと強く考えます。国は化学添加物が死等に至らない限り中止の判断はしないとの考えではなく、一歩も二歩も前に出て、異物は体に入れるべきものではないとの基本に立って、国民の安全、安心を司っていただきたいものと強く念ずるものであります。

　同時に企業は経済、利益優先を一歩後退して、国民に安心、安全を化学の力だけではなく、自然の力を活かし、どうしたら安心、安全な物をお届けできることになるかを研究し、知恵を活かして欲しいものです。

　消費者は簡単、便利の習慣から脱皮し、食がもたらす健康の基本を心底理解し、家庭の食が日本食文化に戻り、手造り家庭が戻るような官民挙げて働き方改革をして、未来の日本が繁栄することを強く望むものであります。そのことが国民の健康に寄与し形態の異常の減少、不妊症の改善につながるものと確信致します。

Ⅷ　人生百年時代を生き抜く乳幼児からの 活動プログラムの開発

千葉敬愛短期大学学長　明石要一

　「人生百年時代」が到来しています。今現在、100 歳以上の人が 7 万人に達しようとしています。今の小学校 5 年生が 100 歳になるころ、半数が生きているといわれます。

　今の子供たちは 100 歳まで生き抜いていかなければなりません。その時、「平均寿命」でなく「健康寿命」を伸ばしていく必要があります。健康で家族や病院のお世話にならず、生き甲斐のある生活を送るのです。

　それでは、「健康寿命」を伸ばすにはどうすればよいのでしょうか。

　三つのポイントがあります。

　一つは、食生活の在り方を見直すのです。昭和 30 年ころの食生活が最もバランスがとれている、といわれます。「蛋白質」と「脂肪」と「炭水化物」の摂取量が三等分されているのです。

　私は小学校 5 年生 110 名を対象に、どんな朝食を摂っているか、インスタントカメラを渡して調べたことがあります。一週間のうち 4 日以上「米飯」の者は 25％でした。一方、4 日以上「パン食」の者は 40％。残りの 35％は、「米飯」と「パン食」をミックスした者です。

　そして、朝食がどんな影響をもたらすかを調べるために、子供の 5 日間の行動記録を取りました。例えば、就寝、起床時間などです。

　結論を言えば、「米飯」の子供のデータが良いのです。寝る時間は早く、そして早起きしています。朝食はしっかり食べています。テレビ視聴時間は短く、友だちが多く、学校が楽しいと答えています。

　ところが、「パン食」の子供は就寝が遅く、テレビ視聴時間が長く、起床も遅いです。早寝・早起き・朝ごはんの生活リズムが身についていないのです。ちなみに、「ミックス派」はちょうど中間に位置しています。

　食べた朝食の写真を分析しますと、たしかに「米飯」の献立メニューは豊富でした。ご飯、味噌汁、漬け物だけというのはほとんどなく、焼き魚や納豆、目玉焼きなどが付いているケースが多かったです。

　「パン食」も豊かなメニューの献立も見られましたが、多くはパンと牛乳で、ゆで卵やウインナーが付けばよい方です。

　健康寿命を延ばす基礎基本は食事、とりわけ朝食にあるようです。

　二つ目は運動です。身体を動かすことなのです。今日の言葉を使えば「体幹」を鍛え伸ばすのです。

　『長生きできる町』（近藤克則著、角川新書）という本があります。これによりますと、ジョギングしている人としてない人では、している人ほど健康寿命が長く、しかも1人ではなくグループで続けている人が長いそうです。

　また、歩いていける距離に公園がある人ほど健康寿命が長いのです。公園が近いと気軽に運動ができるからなのです。

　日本の成人の1日の歩数は平均にすると、7,400歩ほどです。高校生もほぼ同じです。小学校5年生で9,000から10,000歩ほどです。

　東京都の子供たちは学力では全国平均を上回っていますが、体力では平均を下回っています。

　そこで都の教育委員会は小学生は1日に15,000歩、歩きましょう、というガイドラインを掲げました。

　しかし、達成されませんでした。そこで学校の休み時間に着目し、1日に60分以上の休み時間を保証しましょう、という通知を出します。それでもまだ目標は達成されていません。

　「万歩計」があります。これはあるメーカーの商標登録の名前ですが、健康を保つには10,000歩、歩きましょうというメッセージを送っているのです。

　三つ目に社会との関わりを持つことなのです。取っつきやすいのがボランティア活動への参加です。活動に参加すれば交流できます。話す機会が増え、刺激を受けます。1人ぼっちが一番いけないのです。

　千葉大学の先生で「金さん銀さん」の銀さんの娘さん3人はなぜ長寿

か、というユニークな研究をしている人がいます。

　それによりますと、三姉妹の会話が面白く楽しくて、長く続いている、といいます。一人がかってにおしゃべりを続けないのです。だれかが突っ込みを入れたり、ぼけたりするそうです。

　先の近藤先生の本によれば、アメリカで長寿と短命化の差は遺伝（ＤＮＡ）か社会環境か、についての研究成果があります。

　双子を対象に追跡調査をしています。結論をいえば、社会環境の影響が75％で、ＤＮＡは25％程度、といっています。生活環境が影響力を持っているのです。

　もう一つ興味深いデータを紹介します。これもアメリカの研究です。高校卒業時のアルバムの顔の表情に着目するのです。「笑顔」と「口を綴じた」人では60年後の健康寿命にどう影響するか、を調べています。

　結論をいえば、笑顔の人の方が健康寿命が長いのです。高校３年間ハッピーな生活を送った人ほど健康を保っているのです。

　「公益社団法人マナーキッズプロジェクト」は、「0歳からのマナーキッズ体幹遊び」を進めています。遊びながら身体を動かす習慣を形成させるのです。そして、「マナーキッズ」調べをすることで、生活リズムを身につけさせるのです。

　「体幹遊び」も「マナーキッズ」調べも、友だちとの関わりの中で行われます。人間関係能力が身につくのです。

　これまでの、マナーキッズは健康寿命を伸ばす三つの要件の中で二つはクリアーできています。次のねらいは、基礎・基本になる食育となります。子供に関する食生活の在り方に着目するのです。まずは、朝食に目を向けたいと思います。

　子供が人生を生き抜くには、「食べっぷり」、「遊びっぷり」、「つき合いっぷり」の「よさ」が必要です。これは私の持論です。

　健康寿命を延ばし、人生百年時代を生き抜くには、幼児期からこの三つを指標にした活動を進めたいものです。

体幹遊びによせて

お茶の水女子大学名誉教授　森下はるみ

　手遊び、手ならい、手踊り……などなど、手のつく言葉は多い。足もまた同様で、足なみ、足けり、足ふみ……などいくらでも出てくる。それに対し＜体幹＞は、これまでは、あまり意識に上らないし、幼少期の人物画には、いきなり頭から手足が出ていたりする。攻撃や防御、あるいは生産や消費の主役は、あくまでも手や足で、＜体幹＞は影のつなぎ役にずっと甘んじていた。

　ところで近頃、準主役としての＜体幹＞が表舞台に登場するようになったのはなぜか？　一つには、人々の生活のなかで、"手"や"足"の役割の衰退があり、さらに、全身的視点から健康や運動を見ようとする傾向が＜体幹＞の登場につながっている。

　いわれてみれば、＜体幹＞の役割がもっとも大きく変化するのは、ヒトの幼少期といえる。生後まもないころの、大きな頭（脳）、未熟な手・足・胴体、ただ床にころがっていた受け身の存在が、一年弱で立ち上がり、二足歩行までやってのける。いわば何百億年分の進化過程を、一年弱でやってのけるのが人間の身体発達過程である。その分、身体の保持や身のこなし方に、上手・下手がでるのも、経験の差異がでるのもやむをえない。

　本書は、そのようなヒトの発達特性を基盤に、できるだけ楽しく、できるだけ全身的に、できるだけ多く、自分や仲間との活動を体験し、自分の世界を広げてゆくためのよき手引書といえる。

あとがき

　体幹遊びは、子どもの運動能力を高めます。私の主宰している「根本ワクワク体操教室」に、保育園、幼稚園、小学生が通っています。A君は幼稚園の年長、B君は小学校2年生です。

　A君は、筋力があり、手と足の協応動作が優れています。逆立ち、側方倒立回転、跳び箱の縦5段ができます。兄のB君は筋力がなく逆立ち、側方倒立回転、跳び箱が苦手でした。体を腕で支えられないのです。

　しかし、B君はサッカーが上手で走るフォームもいいです。A君との一番の違いは、体幹があるかないかでした。A君は体の軸ができていて、腕支持、逆さ感覚ができていました。B君は運動神経はいいのですが、体幹が育っていなかったのです。逆立ちでもすぐに崩れて、長く続きません。

　根本ワクワク体操教室の面白いのは、兄弟姉妹で通っていることです。同じ兄弟でも異なる場合があり、比較しながら指導できることです。

　根本ワクワク体操教室では、基礎感覚、基礎技能づくりを通して指導しています。同時に体幹遊びをとり入れています。体幹遊びといっても、新しいことを行っているのではありません。

　今まで行ってきた運動を、体幹という体系で指導していくと、動きが変わってくるのです。体幹の弱かったB君も、体操教室で学ぶうちに逆立ちができるようになり、跳び箱も跳べるようになっていきました。体幹を意識した運動遊びをとり入れていることによって、運動能力が高まってきたのです。

　体幹遊びを全国9名の先生方に作成していただき、『体幹遊び36事例集』の冊子にまとめることができました。

東京都	佐藤泰之氏	福岡県	島田　猛氏	大阪府	本吉伸行氏
宮城県	太田健二氏	山梨県	加藤三紘氏	島根県	中嶋剛彦氏
千葉県	水谷洋克氏	三重県	上川　晃氏	埼玉県	工藤俊輔氏

その運動遊びを、保育園、幼稚園、小学校の先生方、一般の体育指導者の方々に行ったところ、大変好評でした。手軽にできる内容で、用具もあまり必要としないからです。

その後、山梨県甲斐市にあるあおぞら保育園園長の村井つかさ氏にお会いしました。村井氏から「体幹は0歳児から行わないと遅いです」というお話を聞くことができました。実際に、あおぞら保育園で行っている0歳児からの体幹遊びを見せていただきました。

0歳から体幹遊びをしている子供と、体幹遊びをしてこなかった3歳の子供の動きを見せていただきました。明らかに動きが違っていました。体幹遊びをしてきた子供の動きは、速く、力強く、長い時間運動することができました。

村井氏にお願いして「乳幼児の体幹遊び編」「親子で遊ぼう乳幼児編」を執筆していただきました。長年指導されてきた経験をもとに、楽しく体幹遊びができるように執筆されました。本書を通して、子供の運動能力を高め、礼儀、挨拶にも役立てればと考えています。

マナーキッズプロジェクトの理事長田中日出男氏には、大変お世話になりました。体幹遊びの重要性を認め、『体幹遊び36事例集』を作成してくれました。本書の企画にもご協力をいただき、まとめることができました。

また、『体幹遊び36事例集』作成には明石要一氏にも多大なご指導をいただきました。種目選定にあたり、的確なご指導をしていただきました。「体幹遊び」という言葉も明石先生のお考えがもとになっています。

鈴木万亀子氏にもご協力をいただきました。冨山房インターナショナル代表取締役社長坂本喜久子（喜杏）氏、新井正光氏には何度もご指導いただき深く感謝申し上げます。

令和元年8月28日

根本正雄

■編者紹介■

田中日出男 (たなか ひでお)

公益社団法人マナーキッズプロジェクト理事長

昭和 15 年 12 月 15 日　兵庫県生まれ
昭和 34 年 3 月　甲陽学院高等学院卒業
昭和 38 年 3 月　早稲田大学第一法学部卒業 (早稲田大学庭球部主将、全日本テニス選手権単複出場)
昭和 38 年 4 月　三菱化成株式会社 (現三菱ケミカル株式会社) 入社
平成 8 年 12 月　マナーキッズプロジェクトのきっかけとなった早稲田大学庭球部小学生テニス教室を開始
平成 10 年 6 月　三菱化学株式会社常務取締役
平成 12 年 6 月　江本工業株式会社取締役社長
平成 14 年 6 月　株式会社インパクト・コンサルティング顧問
平成 17 年 4 月　財団法人日本テニス協会幼稚園・小学校マナーキッズテニスプロジェクトディレクター (現公益財団法人)
平成 19 年 6 月　NPO法人マナーキッズプロジェクト理事長
平成 26 年 10 月　公益社団法人マナーキッズプロジェクト理事長

根本正雄 (ねもと まさお)

根本ワクワク体操教室代表　　TOSS体育授業研究会代表

昭和 24 年 5 月 20 日　茨城県生まれ
昭和 47 年 3 月　千葉大学教育学部卒業
昭和 47 年 4 月　千葉市立更科小学校教諭
昭和 57 年 4 月　千葉大学教育学部附属小学校教諭
平成 7 年 4 月　千葉市立千城台北小学校教頭
平成 10 年 4 月　TOSS 体育授業研究会代表
平成 19 年 4 月　千葉市立高浜第一小学校校長
平成 23 年 4 月　根本ワクワク体操教室代表
平成 26 年 5 月　公益社団法人マナーキッズプロジェクト理事

0歳からの体幹遊び®

2019 年 9 月 11 日　第 1 刷発行
2019 年 10 月 25 日　第 2 刷発行

編　　者　田中日出男、根本正雄
発 行 者　坂本喜杏
発 行 所　株式会社冨山房インターナショナル
　　　　　〒101-0051 東京都千代田区神田神保町 1-3
　　　　　TEL. 03-3291-2578　FAX. 03-3219-4866
　　　　　URL. www.fuzambo-intl.com
印　　刷　株式会社ウエマツ
製　　本　加藤製本株式会社

ISBN978-4-86600-070-1 C0077